穿越2050的乡村振兴愿景

陈源泉 等著

中国农业大学出版社
CHINA AGRICULTURAL UNIVERSITY PRESS
·北京·

图书在版编目(CIP)数据

穿越 2050 的乡村振兴愿景 / 陈源泉等著. —北京:中国农业大学出版社,2018.11

ISBN 978-7-5655-2125-6

Ⅰ.①穿… Ⅱ.①陈… Ⅲ.①农村-社会主义建设-研究-中国 Ⅳ.①F320.3

中国版本图书馆 CIP 数据核字(2018)第 244271 号

书　　名　穿越 2050 的乡村振兴愿景
作　　者　陈源泉　等著

策划编辑　童　云　　**责任编辑**　田树君
封面设计　郑　川
出版发行　中国农业大学出版社
社　　址　北京市海淀区圆明园西路 2 号　**邮政编码**　100193
电　　话　发行部 010-62818525,8625　读者服务部 010-62732336
　　　　　编辑部 010-62732617,2618　出　版　部 010-62733440
网　　址　http://www.caupress.cn　**E-mail** cbsszs@cau.edu.cn
经　　销　新华书店
印　　刷　涿州市星河印刷有限公司
版　　次　2018 年 11 月第 1 版　2018 年 11 月第 1 次印刷
规　　格　787×1 092　32 开本　9.5 印张　120 千字
定　　价　48.00 元

项目支持：

中国农业大学首批"双带头人"教师党支部书记工作室项目

农学院"教·思"创新空间

陈源泉工作室

全国农科学子联合实践行动

中国农业大学农学院 2018 年赴灵丘县上关村社会实践小队

中央高校基本科研业务费专项

参加著作人员

赵影星	2017 级博士研究生	吕梓秦	2017 级硕士研究生
杜海伦	2017 级博士研究生	程嘉莉	2017 级硕士研究生
徐忆楠	2017 级硕士研究生	岳顺念	2018 级硕士研究生
李金娜	2018 级博士研究生	王培欣	2017 级硕士研究生
崔吉晓	2016 级博士研究生	刘杰安	2017 级硕士研究生
王　琳	2017 级硕士研究生	赵琳琪	2018 级硕士研究生
杨　佳	2017 级硕士研究生	刘　鹏	2017 级硕士研究生

中国农业大学农学院 2018 年赴灵丘县上关村社会实践小队

前　言

为了深入学习贯彻党的十九大精神，践行习近平新时代中国特色社会主义思想，深入发力推进国家脱贫攻坚工程，汇智聚力国家乡村振兴战略，培养“懂农业，爱农村，爱农民，有理想，有本领，有担当”的“一懂两爱三有”人才，中国作物学会作物学人才培养与教育专业委员会、全国农学院协同发展联盟在 2018 年暑期继续深度开展“走进乡土乡村，助力精准扶贫”全国农科学子联合实践行动。2018 年是打赢脱贫攻坚战的关键之年，也是党和国家实施乡村振兴战略的开局之年。因此，2018 年的实践行动主题为“助力精准脱贫，聚力乡村振兴”。与此同时，为了加强和改进新形势下高校思想政治工作，发挥高校基层教师党支部战斗堡垒作用和共产党员先锋模范作用，我所在的党支部获得了中国农业大学首批“双带头人”教师党支部书记工作室立项，成立了农学院“教·思”创新空间陈源泉工作室。因此，为了响应国家、学校和学院的号召，今年我再次亲自带领研究生支部组建的小队下乡开展社会实践。

今年实践地点依然选择2017年去过的山西省灵丘县下关乡上关村。小队的实践在去年获得了诸多荣誉：团中央学校部2017年“全国农科学子助力脱贫攻坚”暑期实践优秀团队、《中国青年报》2017年全国百强暑期实践小队、2017年农学院暑期社会实践一等奖、2017年首都大中专学生暑期社会实践优秀团队、2017年中国农业大学红色“1+1”校级示范项目……为了指导更多的大学生更好地走进乡土乡村开展社会实践活动，我还在村里写出了《大学生社会实践手册——走进乡土乡村50问》（中国农业大学出版社2018年1月出版）。

我今年再次带领学生们深入乡村的目的就是要在实际的乡村环境里与学生们一起深入学习党的十九大精神以及 2018 年中央一号文件,谋划乡村振兴的美好愿景。

2018 年 7 月 23 日,早上 5 点,北京下起了大雨。队员们被一阵阵嘈杂的雨声吵醒了,纷纷在微信群里担心起了行程。好在 6 点多,雨停了。队员们高兴地按时到了校门口集合照相,随后赴六里桥汽车站,坐上了北京—灵丘的大巴,正式开展为期一周的社会实践,再访“上关人”、再续“上关情”。

今年的小队队员有去年的老队员,也有新的同学。大家坐上车后,开始了各种“兴奋”……

我站起来说:“同学们好! 欢迎大家参加全国‘百强’社会实践团队的活动,在这里我要强调几点:

第一,再次强调,本次实践不是去度假、不是去旅游,而是一次让自己理想升华、身体遭罪的历程,每个人必须付出全部的精力,我的要求很严,不会让你们当‘南郭先生’,如果有人怕受不了,现在退出下车还来得及！

第二，再次给大家讲讲今年活动的主题：助力精准脱贫，聚力乡村振兴。我想重点是'乡村振兴'，这是党的十九大提出的重大战略，是我们国家新时代'三农'工作的新旗帜和总抓手。简单地说，未来 30 多年，国家关于农业农村现代化建设的一切工作重心都是围绕'乡村振兴'，这是历史的潮流！这也是你们的未来！

习近平总书记讲：'青年兴则国家兴'，要'勇做时代的弄潮儿'！我们农大学子，如果不懂'乡村振兴'这个历史大潮的'脾气'，就不会懂得如何去'弄'，如果我们自己都不懂、不会，还能指望别人吗？国家的农业农村现代化还能实现吗？

因此，我希望你们记住总书记的话，生逢其时，重任在肩，国家为你们这一代谋划乡村振兴的美好愿景，这是你们自己的未来！如何实现这一美好愿景，如何为这个美好蓝图制定详细的'施工图'，这是我们这次实践要重点回答的问题！请大家好好想象一下,如果我们今天坐上的是‘时空穿梭机’,穿越到了 2050 年,你们希望看到的乡村是什么样子呢……”

我讲完之后,队员们开始沉默了、不再兴奋了……

汽车开动 1 个多小时后,所有人都安静地睡着了……在梦中,真的穿越到了 2050 年。

本书就是以 2050 年的视角,以图景的形式、纪实的写法、学生的口吻,深入记录反映我们今年社会实践期间对于中国乡村振兴梦的畅想,表达我们中国农业大学师生对于乡村振兴美好愿景的期盼。故事纯属虚构,如有雷同,请多包涵!

2018 年 7 月

目　录

第一天：离校入村（2050 年 7 月 23 日）/ 001

从宿舍到上车 / 003
从城里到县城 / 006
从县里到村里 / 011
进村初印象 / 016
入住“睿智之家” / 018
令人惊呆的厕所 / 022
令人毫无顾忌的午餐 / 031
跟着李婶学洗碗 / 036
煮茶观雨的午后时光 / 038
洗澡太爽了 / 044
做一场美梦 / 047

第二天：生活富裕（2050 年 7 月 24 日）/ 049

早起去锻炼 / 051

跟着二妮去上学 / 056

口渴了 / 062

村里的小店 / 065

逛一次村里的菜市场 / 068

李爷爷病了 / 074

上关俱乐部 / 077

村里的夜生活 / 084

乡村信息化 / 088

第三天：产业兴旺（2050 年 7 月 25 日）/ 097

跟着老李去下地 / 099

体验现代农业科研 / 109

这是白领还是农民？/ 118

进羊圈 / 128

体验村里的冷链 / 137

寻觅村里的“星创天地” / 146
体验 VR 乡村游 / 153
探访养老庄园 / 158
乡村技能学校 / 165
李想工作室 / 171
外来的乡村创业者 / 175

第四天：生态宜居（2050 年 7 月 26 日） / 183

早起去登山 / 185
黑鹳的粉丝 / 188
乡村道路 / 193
乡村智慧电网 / 197
村里的垃圾去哪里了 / 200
回乡养老的教授 / 204

第五天：乡风文明（2050 年 7 月 27 日） / 213

李想娶媳妇了 / 215
稻田文化节 / 219

参加一场追思会 / 222
参加家庭会议 / 227
小岳成为“男绣娘” / 231
看一场社戏 / 237

第六天：治理有效（2050 年 7 月 28 日）/ 243

参加村党支部大会 / 245
村主任的一天 / 250
乡建女豪 / 256
村里的警务员 / 264
专访乡信息所所长 / 272

第七天：回城路上（2050 年 7 月 29 日）/ 277

有机循环农场半日游 / 279
坐上回京的高铁 / 285

后　记 / 287

第一天：离校入村

（2050 年 7 月 23 日）

摄影:岳顺念

从宿舍到上车

2050 年 7 月 23 日，凌晨 6 点，队长赵星的手臂感受到一阵频繁的振动，耳朵边不停地响着：“主人，快起床了，7 点还要去上关呢！”

赵星睁开朦胧的睡眼，喊了一声：“知道了”，手臂上的振动和喊叫的声音停止了。这是她为了这次社会实践新添置的“个人电子助理”，不仅可以用于通信，也是个人日常活动的全方位助理，她给这个助理起了名字“星儿”。

在床上发呆了 2 分钟，尽管昨天晚上为了今天的行程开了“出征”前的最后部署会，睡得比较晚，但是身为队长，责任在肩，赵星还是很不情愿地起床了。

起床后，赵星点了一下手臂上的个人电子助理屏幕，继续点击为这次活动设置的指挥平台——“上关行”的电子图标，喊了一声：“星儿，其他人起床了没有?"

"报告主人,目前小队其他 12 人,我都通过发'命令'给他们的个人助理,已经全部被喊醒了,除了小徐、小杨还赖在床上之外,其他人都已经在洗漱了。放心,主人,我会继续监督他们的,保证他们能够 7:00 准时在校门口集合。你也该去洗漱了……"

洗漱完,赵星去了食堂,在各个窗口转了两圈,还是不知道吃什么。

这时耳朵边响起了星儿的声音(这个声音别人是听不见的,采用最新不用耳机的定向播放技术):"主人,你昨天有点累,根据你今天的身体健康监测数据以及你今天的行程预测综合分析,我建议你点一碗小米粥,加个你平时爱吃的奶油小馒头,再配上 2 号窗口的那个生鲜时蔬拼盘即可!别发愁了,赶紧按照我说的做,别忘了 7:00 集合,队员已有 7 人吃完,回宿舍拿行李了……"

吃完早饭,赵星回宿舍取了行李,向集合的校门口走去。这时，星儿又发话了："主人，不要着急，按照你现在步伐的速度，你可以提前 10 分钟到达校门口。小徐刚刚从食堂出来，小杨刚出宿舍，那个精力旺盛的小岳刚刚拐过前面的新教学楼，离你 248 米……"

到了校门口，已经有 9 个人提前到了，可以看到离校门 100 米的地方小杨步伐匆匆、200 米处小徐一路小跑。

集合后，所有人的手臂上都发出了星儿欢快的声音："恭喜大家，准时集合！现在，大家排好队，请小王拿出无人机，我来给大家在校门口拍个集体照。"

小王从行李包里取出无人机，打开开关，马上就听到星儿的声音："好了，把无人机放在离你们队伍前方 1 米的地上，然后大家站好队。"

随即，看到无人机在星儿的指挥下自动飞了起来，在大家前方合适的位置悬停，开始对大家进行对焦，这时，星儿又喊话了："小李，你个子较矮，站到小徐的左边合适一些，嗯，好，大家看无人机的'眼睛'，OK，1、2、3，茄子，行了，大家收拾一下，移步校门口左侧20米的地铁口，开始去西客站。”

说完，无人机也自动飞到小王的面前，停到了小王伸出的手上。

随后，大家背起各自的行李，向地铁走去……

（本节执笔人：陈源泉）

从城里到县城

从学校门口的地铁站到西客站，一共只花了23分钟，30年前地铁刚刚通的时候需要花60分钟。

这么多年来，国家一直在大力发展城市，尤其是特大城市的轨道交通。原来的地铁发车间隔最快也要2分钟以上，而当时国际最先进的技术已经能够做到1分钟了。随着城市轨道交通技术的创新发展，中国的城市轨道交通技术已经可以做到

40 秒的发车间隔，与发达国家最先进的水平同步。

到了西客站后，队员们在地铁站里直接转入通往火车站的快速通道，2 分钟后就到了西客站的高铁候车厅。这在以前，从地铁到西客站，要出站、取票再重新排队进站，还有安检等环节，至少 30 分钟以上。最关键的是，那个时候的北京人口接近 3 000 万，城市严重超载，人们生活幸福获得感较低。但是，城市的各种资源、机会总体还是大大地好于农村，因此大多数人还是喜欢选择留在大城市发展。由于人多，那个时候的城市交通不管哪个环节基本都是人满为患，虽然乘坐地铁时间上有保障，不会像地面交通那样经常堵车耗时，但是车厢拥挤的程度现在是很难想象的。我们查了 30 年前的一些有关地铁出行的报道，简直触目惊心。

现在的北京，出门是极大的方便了，出远门也不在话下，说走就走。2017 年 4 月 1 日国家宣布建设“雄安新区”，经过 30 多年的建设，京津冀一体化、现代化都市群已成为世界大城市群发展的典型先进案例，北京已经是世界一流的国际大都市，是位于全球前列的世界科技创新中心之一。先进科技的发展快速改善着人民的生活。

当大家还在抚今追昔的时候，星儿通过振动和定向声音，通知全体队员："请各位通过检票大厅，直接上高铁，还有 2 分钟开往灵丘的高铁就要发车了。"

大家有序地跟着队伍通过检票大厅，也不见专门的检票验票闸口，只是在头顶上见到一排人像识别扫描仪，核对着进站乘客的身份，不到 2 分钟，所有乘客就完成上车并坐在舒服的车座上。这不像以前需要一个一个地通过检票闸机、人工检票、核对身份证才能通过进站，一般耗时都要 30 分钟以上。现在已经全部实现的"刷脸"就进站，根本不需要纸质车票。

坐定后，大家终于见到了本次社会实践的重磅嘉宾——方晨。这次方晨再去灵丘是为了去看看他 30 多年前去实践过的上关村。32 年前，他还是个20岁出头的中国农业大学农学院的学生。那是国家乡村振兴战略刚刚提出的时候，农学、经济学、社会学等各个学科都在热烈地探讨这个问题：乡村该怎么建设？未来的乡村应该是什么样子？

方晨当年毕业后，从事了当时非常热门的人工智能行业，与农业农村基本没有什么交集。经过这么多年的摸爬滚打，小有成就，在大城市里基本是衣食无忧。但是，当年的“懂农业、爱农村、爱农民”的情怀还一直深深地埋藏在他的心里。现在已过知天命之年的他通过校友群的各种消息，知道了母校这些年来发展越来越好，已经是具有中国特色的世界一流农业大学。他更想知道，这么多年过去了，中国的乡村振兴到什么样子了。于是，他在5月就通过学校校友会，联系到今年要到灵丘县下关乡上关村社会实践的在校的年轻校友们，要跟小队一起去灵丘，实现他故地重游的愿望，看看2050年上关村的样子。

这个时候，小王问了一句：“大家知道我们这次要去的地方的地理概况吗？我虽然在之前查了一些资料，但是都是图片和文字形式的，还是没有形成整体的印象。”

队长赵星带着自豪的表情瞄了小王一眼，“看……”随即伸出左手，“星儿出来给大家讲讲上关村的地理概况！”

这个时候，只见星儿突然从队长的手臂上“跳”了出来，在大家的眼前形成一个立体的虚拟影像，非常清晰可爱！

“这是我给星儿最新添加的技能，是一家公司最新研发的，她可以把国家数字地理立体信息通过4D全息影像虚拟出真实的情景。”队长接着介绍，“星儿，开始吧！”

“好的，主人！”这时，星儿突然在大家眼前消失了，变幻出了一个坐落在群山之间的小村庄，山上林木茂密，林下灌草丛生；山腰清晰可见核桃树、枸杞树等经济林木，也可见玉米、谷子、荞麦等作物；山下流水潺潺，像一条条白色的飘带缠绕着村庄；

村里房屋、道路整洁干净，绿树红花……

队员们看得目瞪口呆，随后纷纷跟队长要这个新技能的添加办法。

过了一会儿，大家开始围着方晨这位老师兄，听着他这30年来的故事……

正当大家还没有听过瘾的时候，星儿便提醒大家："各位亲，准备一下，还有2分钟就到灵丘站了。"

大家一看，现在真是快啊，从西客站到灵丘也就19分钟的时间。19分钟，就从大城市到了小县城！

（本节执笔人：杨佳初稿、陈源泉修改）

从县里到村里

大家出了灵丘高铁站口，迎接他们的是32年前方晨所在小队在上关村社会实践时认识的老乡朋友——李睿，跟着他一起来的还有他已经20岁出头的儿子小毛。

方晨见到李睿，情不自禁地互相拥抱了一下，又转身摸了一下小毛的头说："跟当年你爹长得很像啊，小伙子！"

小毛招呼队员们上车，车上方晨给队员们介绍说："李睿是我们当年来上关村社会实践认识的，那会儿他还是一个 10 来岁的小孩，整天带着我们在村里转，是我们非常得力的调研小助手，后来他到了太原上大学，毕业后又回村里发展了。"

小毛开着车，李睿和方晨寒暄着他们 30 年前初来乍到的样子，"那时候进趟村不容易，村里的交通还不是很方便，住的地方没有洗澡的条件，上完厕所还可能带着满身蚊子咬的包出来……不过现在好了，跟以前完全不一样了，现在村里的条件跟城里没有什么区别，甚至比城里还好呢，你们到了就知道了……"李睿说。

小队长赵星问："李叔，现在是您来接我们，假如是一个陌生的城里人要到咱村，方便吗？"

这个时候小毛蛮有自豪感地插话说："太方便了，你可以有N种选择到我们村，30年前都已经实现村村通了。现在你们如果自己来不想找人的话，出了火车站就可以坐公交车到村里，基本上每半小时一趟，因为路非常好走，全县最远的村也基本上可以实现40分钟到达；第二，如果你不着急的话，也可以选择'共享乡村'App，在手机上你只要输入目的地，后台就会为你推荐各种交通组合，这个系统综合了县、乡、村各级的任何可能的交通资源，路上任何交通工具都可以共享，公交车、私家车、拖拉机、共享自行车，甚至牛车你都可以选择……"

"牛车?!"队员们一副副惊讶而又惊奇的神情。

"没错!"小毛接着说，"比如你到了村口，要进村还有一段路程，这个时候路上正好有辆牛车从地里干完活回家，你就可以骑顺风牛了！当然，牛的主人也会在平台上获取一部分的收益！"队员们不禁惊叹，现在的农村有了比城里更加吸引人的神奇

进村初印象

下车后，小毛把车开到了村口旁边一块统一的停车场。这个停车场的条件设备跟城里的停车场没什么太大区别，唯一的不同就是停车场的地面不是城里的那种全水泥的地面，而像是在一片草地上镶嵌上一块块形状、大小各异，但又表面平整的石头块，显然是充分考虑了乡村雨水下渗等方面的生态因素。

方晨说："这个停车场所在地原来是村里垃圾乱堆、人们基本不想靠近的那个地方吧？"

"对的，15 年前，随着经济的发展，咱们国家的乡村条件基本实现了现代化，老百姓有钱了，多数人也开始购置私家车，原来村里的条件根本就没有地方停车，村里的堵车现象比 30 年前的北京还严重呢，于是国家就出台了'乡村停车场'计划，支持乡村建设停车场。"李睿解释道。

方晨一边回想 32 年前第一次来上关的情景，一边四处张望着，仿佛是在寻找着记忆中的上关。但是，眼前的这个小山村，跟他 30 年前印象中的小山村相比确实变化不小。只见眼前一栋栋的小别墅，房屋砌上了漂亮的方砖，但是风格上又有更为古老的晋东北太行山古风；原来的土房基本不见了，村里原来满地垃圾的道路现在干净得令人想席地而坐；原来村里电线凌乱得东拉西扯的现象不见了；远方的山清晰可见，原来山腰下面的龙王庙还在，方晨的脸上露出一丝宽慰的神色，还有庙前那棵愈加粗壮繁茂的古旱柳依然守护着龙王庙……

村头下面的那片水稻田还是种着水稻，“这可能是 30 年来唯一没变的事情了吧。”方晨望着田边的一块刻着“国家永久基本农田”的石牌这样想着……

李睿叔带着大家从村口往他家走，穿过熙熙攘攘的上关迎宾街。可以看到以前经常空旷到基本见不到什么人的村里道路现在是人气兴旺的景象。

李叔边走边跟路边的人打着招呼，队员们则是各种好奇地东张西望，像是一群刚刚出窝的小鸭子……

（本节执笔人：杨佳初稿、陈源泉修改）

入住“睿智之家”

从迎宾街转过悠然巷，再走 30 米就到了李叔家门口了。

方晨看着眼前这个门口挂着一块古朴的柳木，上面刻着“睿智之家”的房子，惊讶地说：“睿哥（虽然方晨的年纪比李睿大，但是 30 年前他们来村里实践的时候大家都习惯叫村里的小孩叫‘×哥’），这是当年你家的地方吗？”

李睿转过头来答道：“是啊，这是原来的老房子所在地，只不过把左、右两边和后头几家闲置的房子一起流转过来了，他们几家都是随着儿女到灵丘县或大同市定居了，这里的房子就流转给我了。20年前我从太原大学毕业后，就利用专业知识干起民俗旅游了。看，我把这些房子改造成了一个整体的院落……”

大家跟着李叔进了大门，映入大家眼里的是几座有点古老的房屋，院里面的通道不是那么笔直，像是一条条古老的乡村巷道，但是又增加了一些现代的元素。

队员们问：“李叔，您当年在太原上学时学的什么专业啊？这院落是您亲自设计的吗？”

李叔面带自豪地告诉大家：“我大学专业是民居设计，这个院落是我亲自设计的。”

听过李叔详细的介绍，我们大致了解了这个“睿智之家”的神秘之处，也发现了，这个院落真的是充分发挥了李叔的睿智啊。方晨说：“我在这里找到了30年前我在睿哥家住的样子……”

李叔读大学期间，正是国家推进乡村振兴战略实施的时候,当时学术界围绕“生态宜居”,关于乡村的民宅如何建设,有各种各样的思想和设计。李叔在充分了解、对比国内外的各种理念和设计风格之后,决定走一条独具古朴风的道路:不改变原有村民住宅和巷道格局(因为农村的住宅当时已经全部完成了确权,在宅基地流转经营方面,刚开始老百姓还是不喜欢自己的家被改变,怕将来认不出自己的家,也怕被改变之后边界不清楚了)的基础上,尽量保留原有房屋和邻里之间巷道的外貌。只不过为了改变原来几家相对隔离的状况,使其变成现在便利的内部生活,把有些墙开洞,这些洞的形状大小借鉴了中国古典园林的设计元素,有的是门,有的则为窗。

为了增加房屋的结实稳固性,李叔改造的时候请了学土木工程的同学在内部进行了隐藏式加固方案,在房屋的外立面采用了当时学校老师最新研发的一种透明的加固涂料,也是那时候材料科学领域最新的科技成果，这种涂料喷在墙上，不会改变原来房屋外貌，原来是土墙看起来还是土墙，原来是砖墙看起来还是砖墙，只不过喷上之后再经历风吹雨打，土墙不会再掉土了，砖墙也不会再变色了。更为神奇的是，喷上这种涂料之后，尘埃都不会黏附在墙上，随意靠、随便摸，都不会弄脏衣服，也不会留下手印。

关于院内的过道，其实还是原来邻里之间的巷道，现在这几家都流转给李叔了，这些道路就变成了院里的过道，为了保留原有巷道的风貌，李叔只是在上方增加了挡雨的设计，在原有路面上 30 厘米以上的高度架上玻璃廊道，这个玻璃也不是全封闭的玻璃，而是带有各种形状的孔洞，不仅可以增加院里通风透气，还可以尽量地保持与自然的连接。比如，晴天时，巷道里面的风还是可以穿过孔洞跟院里的花花草草嬉戏；下雨时，巷道的流水声可以穿过这些孔洞，给院里传来自然的美妙音乐。

这样，雨水可以跟以前一样流动，不改变多年形成的村落的排水系统，这些雨水现在也可以在村头先进入统一的雨水收集系统（作为旱季村民生产、生活的用水），多余的再流入河道……

（本节执笔人：陈源泉）

令人惊呆的厕所

大家进了住的房间，扔下行李之后小杨同学便迫不及待地找厕所，可是她着急地东张西望之后，还是没有看到哪个地方有厕所，心里正嘀咕着：难道这个地方现在还跟 30 年前的一本书——《大学生社会实践手册》（陈源泉著）所描写的那样吗？

小毛看出了她不对的神色，“出房门左转，见到一棵桂花树旁边的一个写着‘心旷神怡’的房间就是厕所！”小毛的神情有点卖关子的神秘！

小杨同学一听急忙冲出房门，见到一棵郁郁葱葱的桂花树，快速找到了叫“心旷神怡”的地方，推门进去之后，她简直惊呆了！

在小杨的印象中，农村是脏、乱、差的。她查阅以前的一些资料了解到：当人们提起自己住在农村时，难免会流露出一些羞涩之情。截至2015年，我国农村地区仅有61%的人可以享有基本的卫生设施，如有通风的坑厕或抽水马桶，仍有接近40%的人没能享有这种基本生活保障，而在城市享有比例为86%。

在来灵丘的高铁上，老师兄方晨给大家回忆的一幅场景令大家还是心有余悸：“记得30年前一次草扎屁股的排泄体验。先憋上大大一口气，然后卷起裤腿，捏着鼻子，踮起脚尖，小心翼翼找一个合适的地方……”

这是方晨每次到农村上厕所时的必选动作。那个时候由于村中都是旱厕，方晨不忍望着脚下木板下日积月累的粪便，他只好望着厕所的墙壁，他发现那些砖块的形状很像一个个除号，当他解大手的时候,就抬头望着这些“除号”,从左边数到右边。在厕所外边还往往容易形成水坑,在夏天,这水坑就是孑孓的乐园。堆积成小山的粪便,弥漫的气味和滋生的蛆蝇蚊虫是 30 年前乡间旱厕的共同特征。

可是眼前的这个心旷神怡的地方,真的是名副其实!

首先,没有闻到印象中不想遇到的味道,而是一阵阵淡淡的桂花香慢慢飘进鼻腔;其次,这个地方除了门,好像只有两面墙,因为有一面好像是空的,可以看到外面的山林和田野,甚至好像还可以听到风的声音以及小鸟的歌唱!小杨试着走过去,没想到被撞了回来。原来,那是一块玻璃屏幕,上面通过视频影像真实映射外面的风景,而实际上玻璃后面还是一堵墙。

确认安全后,小杨打开了马桶盖,这个马桶再次颠覆了她以前的认知!

这个马桶不是城里那种传统的冲水式马桶,也没有见到水。而且里面有两个分隔，靠后一格铺了一层褐色的碎屑，好像还有一些花瓣，令人想起了故宫慈禧老佛爷的“花瓣马桶”故事。靠前的一格却是洁净无瑕。正当马桶盖被打开的那一刻，身后突然响起了“欢迎光临心旷神怡的地方……”。

这可又把小杨吓得一跳，转过身去一看，刚才玻璃屏幕上的山林田野不见了，换成了一个乡村生态厕所的广告！

这时候，耳边再次响起了声音：“尊敬的客人您好，请您放心先坐下如厕，我再慢慢跟您介绍我的功能……”

听到这里，小杨终于反应过来了，自己是来上厕所的，于是她半信半疑地坐了下去。随着屏幕和声音的介绍，她终于明白这个生态厕所的各项功能了。

这个厕所是固液分离收集的，刚才靠后铺了一层褐色的碎屑那一格是收集粪便的，靠前一格是收集尿液的。粪便随着那些碎屑会被气吸到村庄统一的堆肥厂，关键是那些碎屑竟然还含有除臭、减少氨气和甲烷排放等功能的特殊微生物菌群；尿液则是通过负压管道到了村庄统一的液体肥料厂。这些堆肥和液体肥料会被自动循环应用到整个村庄的农田以及山上的林草地。施用则是根据不同植物的需肥规律而定的，最大限度地减少养分淋洗。如果本村用不完，还可以通过销售网络输送到其他肥料不够的村庄。

更为神奇的是，每个厕所的粪尿贡献都会被自动记录下来，这些记录可以根据制定的标准抵消自家农田的施肥费用，如果自家不种地了，还可以变现！真是变废为宝啊！还有，马桶壁是采用最新的特殊高科技材料涂层，连灰尘都不可能在上面落脚，根本不像以前的传统马桶需要用水冲。

另外，根据介绍，如今村里已经完成了村庄的地下排污系统重建工作，村民家中和公共区域的厕所已经全部更换成这种生态厕所。曾经坐便马桶是人们在使用公共卫生间时排斥的对象，人们宁愿选择蹲便也不愿意选择坐便，因为大家会觉得人和人之间屁股挨屁股地这样一坐，很不习惯。现在村中的公共卫生间都配有坐便清洁剂，就像洗手时挤洗手液一样，轻轻按压清洁剂会喷洒到卫生纸上，用卫生纸擦拭马桶圈周围即可消毒。卫生纸是易溶解再生循环纸，用过之后可以直接投入马桶中，跟着粪便直接去了堆肥厂。这样就减少了因用过的卫生纸堆积而滋生病虫和异味的可能。

当然这样的改变并不容易。

上关村是一个居住相对集中的小村，改造前全村无一间卫生厕所。2020 年，灵丘县被确定为全国农村生活污水处理示范县。在具体实施中，上关村被选为首批农村污水处理及改厕试点村。为从上关村的污水处理及改厕试点中探索出因地制宜的推广模式，让更多农民受益，灵丘县先后引进 6 家公司的工艺设备进行试点试用。一时间，在小小的上关村来了操着不同口音的人，北京的、山东的、浙江的……最终根据村民的投票结果选定了其中一家公司对上关村的污水管道建设进行了设计和施工。在 2022 年冬天，上关村已经有超过 80%的住户完成了厕所改造，并且得到了村民的极大好评。就这样，一石激起千层浪。仅在当年，灵丘县又有 4 000 户农户开展了污水处理及改厕的工作。截至目前，已有 95%的村民家中完成了“厕所革命”。

在国家 30 年前提出乡村振兴战略之后，改厕，是改善农村人居环境，补齐影响群众生活品质短板的坚实一步。但在当时，建设模式如何选择、投入资金从何而来、后续怎样运行维护，也考验着各级政府和广大农民的智慧。

通过上关村的试点和一步步推广过程中的不断摸索实践，总结的全国乡村厕所主要推广应用的模式有：改厕与生活污水处理配套衔接、一体化生物处理厕所污水、集中与分散相结合等多种厕所改造模式。在当时，资金投入方面，对采用分散式污水处理模式的改厕农户，采取“省级项目带动、市县级财政配套、农户筹资筹劳”的模式,每户 2 800 元的改厕花费中,省财政投入 2 000 元,市财政配套 500 元,农户自筹 300 元;对采用集中式污水处理模式的改厕农户,采取“区级项目带动、市级财政兜底、农户筹资筹劳”的模式,每户 5 000 元的改厕花费中,省财政投入 2 000 元,市财政投入 2 500 元,农户自筹 500 元;对接入城镇污水处理系统的改厕农户,省财政投入 2 000 元,农户自筹 500 元,其余资金全部由市级财政投入。而如今,乡村厕所主要由专门的公共服务公司统一运营与维护,根本不需要政府再投入。

上关村采用的模式主要是集中式处理模式,虽然污水集中处理站在前期建设投入较多,但在后期运行维护上,集中式处理比分散式处理设备可靠性强,运行维护成本低,农户更容易接受。不管什么模式,乡村厕所要确保千家万户能够符合安全、保质、耐久、卫生的原则,要因地制宜,根据不同地区、不同情况合理选择污水处理及改厕模式,同时结合实际，科学设计、精心施工，做到财力能承受、质量可控制。

30 年来，上关村已成为中国乡村“厕所革命”的典型先进示范村……

听完这一切的介绍，小杨在心里暗自感叹：人们都希望自己居住在干净舒适的环境中，厕所应当是人保持体面生活的最基本保障，如果不能保证居民的这种基本权利，那么乡村很难留住人。

想起 30 年前，去日本旅游的人们一度疯狂地购买马桶圈回国，而如今这种冬暖夏凉甚至马桶还会唱歌的如厕体验已经成为触手可及的日常。

注：本节参考了《新一轮“厕所革命”让乡村更宜居》（宁夏日报）中的案例。http://cpc.people.com.cn/n1/2017/1207/c415067-29692373.html

（本节执笔人：杨佳初稿、陈源泉修改）

令人毫无顾忌的午餐

当大家还沉浸在没看尽兴的“睿智之家”时候，李大婶满脸堆笑地过来招呼大家吃午饭了。

大婶领着大家到院子里，只见院子中间摆着一张大致长方形的木制桌子，木头看起来还是很粗犷的原始味道，基本是原来的形状，凳子也是木制的。

李叔告诉大家，这个桌子是他用一根原木削成一片片木片之后再拼凑的桌面，桌子腿是原来老家院里的那几棵桃树桩，这上面还有桃树绿芽呢！当时的桃树枝丫他做成了这些凳子……

李叔招呼大家说：“大家坐下吃吧，可以毫无顾忌地使劲吃！”

接着李叔又给大家介绍说，现在根本不用担心食品安全问题，关于“入口”的东西，生产、加工、储藏、消费等全产业链各个环节，国家都已经建立起完善的食品安全监督体系和严格的执法体系。今天这桌菜，我们都可以在网上查到它们从种到现在的全过程记录，田里有全天候的物联网监测系统以及视频监督。而且，关于农用化学品，如化肥、农药等，它们的生产、销售、购买到最终的使用，相关的时间、地点、人物、用量、用在什么作物都有严格的“痕迹管理”，尤其是终端使用人也需要有执业资格证。假如你到农资市场要购买某一种农药，你要告诉他用来治什么地点、什么作物的什么病？出售的人必须先在国家农业灾害防控网上，输入地理坐标，与国家北斗农业监测与服务网提供的数据一致，并核对该块土地的经营者以及执业资格证拥有者的信息，核对属实和在线登记后，根据国家北斗农业监测与服务网提供的科学用量才能给你相应的药量。不是想买多少就能买的。严格程度上相当于国家军用物资管理制度，食品安全、粮食安全、生态安全等同于军事安全。而且还有相应的完善的法律制度和严格的执法力度，违法成本是非常高的！当然了，现在多数人文化素质都大大提升了，真正违法的人可以说是屈指可数了。

大家坐下后，看到李婶给我们准备的午饭是山西传统美食——刀削面，配的是西红柿鸡蛋卤，今天还特意给我们添了一个肉菜，正宗的灵丘南山特产青背山羊肉。

在吃饭的过程中，我们问李叔现在山西的畜牧产业怎么样？

李叔先露出满意的笑容，然后说起来。在山西这边农户饲养的主要有牛、羊、驴、猪以及鸡之类的家禽，当然也有少数饲养鸽子、鹿等特种动物。现在大家都注重生态保护，农民们利用天然草地放养牛羊。当然了，每片草地的放养数量和放养时间都有严格限制的规定，不能超过草地的承载力。而且每头牛、羊的耳朵上都有监测芯片，与国家林业和草原局等有关部门的监控体系实时关联。此外，还受到国家食品安全监测网的实时监控，这些牛、羊从生产到最终进消费者口中都有严密的监控，各部门之间的数据都是关联共享的。非放牧季节，这些牛、羊主要通过集中圈养的方式，喂饲的草料主要是从专门草地收获储藏的干草以及玉米等农作物的秸秆青贮饲料，精饲料也是本地生产、本地加工的。而且饲草料有专门的合作社在经营，养殖方面也有专门的合作社，关于肉类的屠宰、加工、销售以及品牌经营也有很多中小微企业或合作社在经营，这些有关联的合作社又形成了更高一级的合作联社，建立了从产业链各环节协同共进的现代农业生产体系和经营体系，也促进了小农户与现代农业的有效衔接。此外，养殖过程的各种畜禽粪便也有专门的处理系统，与村里的堆肥厂和肥料厂相结合，真正做到了循环利用。可以说，现在的养殖业，是一个经济有活力、生态又环保的绿色农业产业链。

说着说着，这时李婶又端进来一大盘新鲜的时令蔬菜拼盘，有黄瓜、生菜、西红柿，还有双孢菇和香菇等，都是生的。

李婶告诉大家，这些蔬菜可以随便生吃，都是有机的。“我告诉大家，”李婶特别得意地强调，“这些蔬菜从咱地里采摘算起，到现在入大家的口，不超过20分钟，有可能到了你们肚子里，它们的细胞还活着呢……”

大家不禁感叹，这是在城里很难享受到的高级食材啊！虽然营养品质没有太大的区别，但是经过冷链保鲜、运输、储藏、零售等环节，口感还是有区别的。现在交通条件这么方便，大家到村里直接吃的时间与把蔬菜运到城里的时间相比，差别还是很大的。这就是“时间就是美味”啊！

这时候，李叔又开始给大家讲故事了。他告诉大家，灵丘20年前已经成为国际著名、中国第一的全域有机农业县。全世界有机农业的技术研发、标准研制等核心知识产权多数源于灵丘。中国特色有机农业的标准就是以车河村命名的，叫“车河有机农业标准”。当然了，关于有机农业的探索，早在30多年前就开始了。最早在灵丘开展有机农业理论研究与实践的就是咱中国农业大学农学院的胡跃高教授。关于他的故事以及灵丘全域有机农业的发展历史，大家可以到车河国际有机农业博物馆去参观进行详细了解。

说着说着，大家不知不觉就吃饱了，没想到这么一顿简便、健康、快速、安全的午饭背后竟然有这么多的故事，中国能够成为当今世界农业强国，与前辈们的努力奋斗是分不开的啊！

大家暗暗决定：一定要继承发扬中国农业前辈的精神，继续努力做出更大的贡献。

（本节执笔人：赵琳琪初稿、陈源泉修改）

跟着李婶学洗碗

吃完午饭，大家一起帮李婶收拾碗筷和桌子，当大家端着那些还有剩菜剩汤的碗四处寻觅垃圾桶时，李婶说："倒这里！"

大家跟着走过去，只见墙角有个洗碗池，正当大家想把碗筷放进去时，李婶制止说："这不是洗碗的地方。”

说完打开池边的一个盖子，告诉大家把剩菜剩汤倒到里面，并介绍说：“这是厨余垃圾的专用收集通道，东西倒进去后，底下有个粉碎装置先把东西打成碎浆，然后会被吸走，到了村里一个集中处理的地方，进行循环化利用，那里会进行一些分类、分级等处理，比如，油污会被做成生物柴油，固体渣会被做成生物肥料。”

大家倒完之后，正想打开水龙头开始洗碗时，李婶及时制止先不要用水洗，然后打开另外一个盖子，告诉大家放进去，重新盖上盖子，说：“这相当于以前的洗碗机了，这些碗筷首先会被里面的高压水雾快速冲洗干净，只会产生少量的废水，这些废水会随刚才隔壁粉碎的食物渣一起被吸走。完了，碗筷拿出来放在架子上自然风干即可。”

我们都非常好奇：这能洗干净吗？油污能去掉？这也没有看见洗涤液之类的啊？

李婶接着告诉我们：“现在都不用以前那种化

学类的洗涤用品了，那种洗剂对环境污染大，现在都是生物类的，具体我也搞不懂，说是科学家通过微生物技术，利用微生物生产的一种快速去污的物质。”

李婶指着“洗碗机”旁边的一个装有蓝色液体的小瓶子说：“这个就是含有生物去污物质的‘环保洗涤液’，刚才洗碗时它会被自动添加到水雾中。”

（本节执笔人：陈源泉）

煮茶观雨的午后时光

大家快“洗”完碗的时候，忽然听到一阵雷声，抬头一望，才发现天空中罩着一大片乌云。

李叔说：“看样子，下午大家只能在家里享受午后观雨的美好时光！”

这时，大家突然看到队员小杨站在院里微皱眉头、眯着双眼、轻咬嘴唇（那是大家熟悉的她思考问题的招牌表情），嘴里嘟囔着："这乌云啥时候来的，刚才院子里的明亮程度好像也没有变化啊？"说完又挠了挠头。

"哈哈……"李叔儿子小毛走了过来，"没有发现吧，大家仔细看，我们现在这个院子，大家可能都以为是露天的吧，其实不是，上面是有透明的玻璃的，当然不是全封闭的，一会儿雨下来你们就会看到哪里不是封闭的。更为神奇的是，我们家现在整个照明系统都是智能的，现在是白天，院子里明亮程度是选择一天当中让人眼睛最舒服的'清晨时光'作为最低标准，如果外面的自然光亮度低于这个标准，辐射光源就会自动补光！这个补光系统也不是以前那种灯泡、灯管之类的，而是你如果不仔细就觉察不出来的'悄无声息光源'。但如果是晚上，就是保持跟室外同步了！"

这个时候，空中出现了一道闪电，又响起一阵雷声，大家正想往屋子里跑的时候，李叔说："不用动，大家继续坐下来，这雨不会淋到大家的，我们煮茶观雨!”

话音刚落,雨滴就噼里啪啦在院子上面的玻璃上奏出欢快的声音,而在院子中间坐着的队员们不仅淋不到雨,还在门口的那一侧见到了上面的积雨倾泻形成的“瀑布”,俨然一个水帘洞的景观,中间自然形成一个水门,人可以自由进出,落下的雨水在院子四周的渠道形成环流,但是这个环流不会溢到院子里面,而是一直保持一定的水深。队员们仔细一看,原来水可以从渠道下面渗出去。

李叔告诉大家,这雨水会流到村里统一的雨水收集系统,跟门口的巷道的水流一样。

说起巷道,队员们想起之前李叔的介绍,纷纷起身穿过水门,到了巷道,只见巷道也是干干的,没有见到雨水溅落,抬头一看,上面有着和院子一样的挡雨玻璃,这里没有看到“瀑布”,却看到了脚下的水流。

李叔说:“大家可以坐在‘地上’听听水声!”

大家坐在带孔的玻璃地面上，享受这自然的华美乐章。

方晨这时回忆说："当年我住睿哥家的时候，遇到下雨，这门口的巷道也是这样的水流，不过水是很脏很臭的，根本不敢出门。但是原来外面的巷道现在变成了家里的走道，更为关键的是，现在的水流这么干净，虽然也没清澈见底，但至少不是原来那种夹杂着枯枝落叶、塑料纸张、黄沙污泥，甚至还有动物粪便等脏东西的水流，现在闻到的是带着山里树木、花草以及泥土的自然芳香！"

李叔接过话说："现在水之所以这么干净，一方面是因为村里的街巷卫生做得很好，没有乱丢垃圾的现象，所有人畜废弃物也不会像以前那样乱排放。另一方面，现在山上生态环境保护做得很好，水土流失现象基本被控制了，村庄四周挨着山脚的地方都建造了植物过滤景观廊道，下雨时山上的水流都会先经过那里过滤一下，所以出来就很干净了。”

这时听到李婶在院子里招呼：“水开了，可以泡茶啦！”

李叔带着大家又回到了院里，围坐在午饭的那张桌子旁，李婶已经把茶具摆好了。

“今天咱喝上关的茶吧！”李叔说着打开了茶叶罐，那一瞬间，大家异口同声地说：“哇，好香啊！”

李叔笑笑说：“这就香啦？一会儿喝起来更香！这是上关‘锶乡茶’，种在村南边的二牛峰脚下，这是村里人采摘和炒制的。”

方晨说：“原来咱村也没有种茶的啊！这是怎么发展起来的？”

“来，先喝一杯，不着急，这雨一时半会儿停不了，我慢慢告诉你们。”李叔打断了方晨，微笑地看着大家端起来了茶杯……

后来，经过李叔的介绍，才知道这茶产业是20年前村里的一个年轻人到外面闯荡后，回家乡创业的。他最早到福建的一个茶园打工，那个茶园所属的企业专做中国“特种茶”品牌，是一个覆盖全国的茶企业，主要是挖掘土壤富含对人体有益的微量元素，如硒、锶等，同时条件又适合种茶的村庄，通过与村民合作社合作，形成完整的茶叶产业链。后来这个年轻人跟该企业的老板联系，说上关村富锶，环境条件也适合，想回家乡发展。老板给了他第一笔资金，他就回来带领村民成立了合作社，发展了上关“锶乡茶”，生产的茶叶通过该企业的全国销售渠道外销。其实，这个“锶乡茶”就是该茶叶企业的品牌，但是每个地方生产都有具体的产地冠名，并是可追溯的。

听着故事，喝着上关村沁人心脾的“锶乡茶”，偶尔抬头看看天上的雨，队员们陶醉在这乡村里美好的午后时光……

（本节执笔人：陈源泉）

洗澡太爽了

今天下午这个雨一直下个不停，刚开始是比较大的雷阵雨，后来是断断续续、淅淅沥沥的小雨，队员们边喝茶边听李叔介绍村里的故事，不知不觉已是傍晚了。

晚饭后，队长赵星根据今天下午李叔的介绍，在院子里召集队员开了一个会议，对来之前的实践计划进行适当调整，进一步明确各小组的任务与分工。

会议结束后，队员小徐站起来问："我们能洗澡吗？"

"问一下李叔吧，"老师兄方晨回答说，"我们30年前来的时候，就没有洗澡的条件，每天最多就是睡觉之前用毛巾擦一擦而已。当时我们穿着学院制作的白色的文化衫，常常是两天之后白色衣衫就变成黄色的，晚上睡觉之前经常是在一边拍着蚊子、一边用手搓着身上的泥入睡的……经过这么多年的建设，现在应该有了吧？！”

这个时候，李叔从他住的屋子走出来，回答了队员们的问题：“现在洗澡可方便了，旁边那个屋子是专门洗澡的房间，不能泡澡，只能冲澡；如果想泡澡，村里也有集中的公共澡堂，那里可以泡温泉呢，你们可以自由选择。”

大家商量之后，决定今天先在家里洗，后面几天再去享受温泉浴。

商量完，小徐第一个站起来跑到屋里收拾换洗衣服，然后出来就向李叔说的家里洗澡的地方走去，可是不一会儿又见她折返回来说没有找到。

李叔微笑地说：“抱歉，你看到一个写着‘放飞自我’的房间了吗？”

“看……到了，就是那？”小徐满脸疑惑。

李叔微笑朝她点点头。

过一会儿，只听见隔壁屋子里传来了小徐的尖叫声，大家正欲起身去看个究竟时，李叔继续微笑着告诉大家:“不必惊慌,那是安全系数很高的浴室,等她出来你们就知道了!”

大约过了 10 分钟,伴随着一阵怡人的香味,大家看到小徐意犹未尽地走了过来,提高了嗓门说:“我告诉大家,这儿洗澡太爽了!”

经过小徐的介绍,大家明白了在家里洗澡的过程了。首先,进去之后,有个更衣间和淋浴室。在更衣室脱完衣服进淋浴室之后,淋浴室的门自动关上的那一瞬间,整个淋浴室好像是消失了一样,而人却像是赤裸裸地站在了空旷的山顶……而且看不到水龙头、花洒以及洗涤用品之类的东西。原来,这个淋浴室的设计跟“心旷神怡”的厕所那面玻璃幕墙一样的设计原理,只不过浴室这边是 360 度全方位的设计。虽然看不到水龙头,但所有出水口都是经过特殊设计的,且隐藏在玻璃幕墙里面。这些出水口不止一个两个,出来的水像雾、像雨、又像风,喷在身上就像是很舒服地享受着按摩。里面有声控指导,人只需要按照指导,站着就可以全部洗完，洗头的话，会自动出来比较大的水流带着一种芳香的生态洗发水，洗身体的话基本都是细小的水雾在为你服务，感觉像是我们用超声波洗涤做实验的玻璃瓶一样，或者说像是洗碗一样，不过我们就是被洗的碗。

“最神奇的是，你不知不觉地，等水都停了，身体同时就干了！对比前后，神清气爽，站着洗澡真是像站在山顶放飞自我……”小徐提高了嗓门说。

（本节执笔人：陈源泉）

做一场美梦

洗漱完，也差不多到了睡觉的时间了。

大家睡的屋子是30年前李叔家的房子，现在内部被李叔改造过了，男生睡左边的房间，女生睡右边的房间，中间是供大家学习、办公的地方。

床还保留了以前的“炕”的设计，只不过现在冬季也不靠烧柴火取暖了，而是新型的智能温控系统在保持着房间的合适温度。

李叔告诉我们："大家想睡大通铺也行，如果想有私密，这炕底下会有自动的装置伸出来创造个人独立的空间，隔音效果很好，打呼噜也互相听不见，但是空气是流通的……"

大家躺在炕上，还能看到雨后的天空格外的明朗，星星在闪烁，仿佛还能听见风的声音以及知了的鸣叫，偶尔还可以看到萤火虫从屋顶飞过……

队员们明白，这又是李叔的设计。

这一天队员们经历了太多的神奇，大家都在脑子里整理着这一天的收获，渐渐地进入了梦乡……

（本节执笔人：陈源泉）

第二天:生活富裕

(2050 年 7 月 24 日)

摄影：王琳

早起去锻炼

2050 年 7 月 24 日，凌晨 6 点，星儿把大家叫醒了。队员小琪在学校里一直都有早起跑步的习惯，鉴于生物钟的强大力量，小琪简单洗漱后，就想着去跑步。昨天一直待在“睿智之家”里面，都没有时间好好看看上关村。

出来洗漱的时候，小琪碰到李婶，她在给大家准备早饭。从李婶那听说，村西头有个文化广场小公园，村里人经常去那里运动。

小琪从李叔家出来，便见到了悠然巷，昨天都没有仔细看，悠然巷大约 2 米宽，巷子是先用水泥铺好，又用模具浇筑的类似大理石一样的道路。出了悠然巷便是迎宾街，这条街是比较宽的柏油马路，双行道，中间汽车东西两路，两边是人行道和自行车道。

小琪一路向西走，路上看到有人走着或骑车去田地的方向，有人穿着运动服跟她同向，应该也是去锻炼的，她就跟着行人一起过去。

村里的人们都起得好早，没走多远就看到一块大石头上几个大字——上关村公园。走进去，有个木质的指向标标明区域，在公园的左边有乒乓球区、羽毛球区和篮球区，在公园的右边有一些运动器械，中间是由石头铺砌的块状道路，边上是一排排的柳树，很多人都在跑步。周围散布着双人靠背座椅。公园里多是一些年纪较大的人在锻炼，一些70多岁的爷爷做引体向上，轻轻松松五六个；奶奶们在摩手，做背部拉伸、腿部运动，旁边还有压腿的架子……

小琪沿着公园的直行方向跑去，直着向前有广场舞区，看到广场舞区有十几个阿姨拿着带红色扇穗的团扇，跳着优美的民族舞，婀娜多姿。旁边是穿着长袖的爷爷奶奶在练太极拳。领头的爷爷奶奶，舞起剑来，风姿飒爽，颇有小说里的江湖英气。

再往前跑大约200米是一个圆形的池塘，直径大约10米，有三层环状阶梯。有几个伯伯在池塘的最下面一层阶梯坐着钓鱼。继续向前是篮球区，正值放假，几个十几岁的小孩在打篮球，在晨曦中散发着年轻的朝气与活力。在篮球场旁边是羽毛球场，有两个羽毛球网，两组青年正在随着羽毛球的起荡挥舞球拍。在羽毛球旁边是乒乓球台，篮球场与羽毛球场各有两组，乒乓球台却是两排共有8个，每个都没空着，老少皆宜，甚至有几组是双打。

球场对面是木质的四方亭子，由四根柱子支撑，屋顶上面是青藤，每根柱子两侧都有镂空小槽，可以用来压腿做拉伸。亭子旁边是一个石质的圆台，台中间是一些花草。人们做完拉伸可以在圆台上坐着休息。

小琪绕过这些运动场继续往回跑，这个公园共有三条主要通道，每条道路中间都会有几条小石子路连通。在通道的两侧有几个消火栓箱。公园的四周墙壁是用石头砌成的，呈坡状，墙壁上雕刻着上关村的历史与人文。跑了两圈大概2千米，小琪大汗淋漓，在就近的小木桩上压腿拉伸。跟坐在旁边圆台上的爷爷奶奶拉家常，顺便了解一下近几年的变化。

一位爷爷说，他们这一代真正是享福了，以前可不像现在，早上锻炼有这么好的条件和设施。这几十年变化太大了。以前早起顶多在村里走走，当时都是住平房，走的大多是泥路。一位 50 多岁的大妈，说她是土生土长的农村人，小时候就跟着爸妈一起去田里拔草、种玉米。灵丘这边是山多人多地少，平均耕地更少，人均一两亩地。那时的环境真的是蚊虫叮咬，脚踩的都是土路，别说运动跑步，就连街道都是坑坑洼洼的。像现在这样的篮球场只有学校或者城市里的小区才会有。在过去也有广场舞，那时候是风靡一时呀，全国无论城市乡村都会有团体跳广场舞。不过，基本是在晚上跳。那时的年轻人大多都去市里打工，家里剩下的大多是老人和小孩，大人们天天忙于地里农活或外出打工，哪有时间去运动，更别提村里给建这么好的公园。当时响应国家号召，也建设了文化广场，但是只有几个简易的运动设施，也就是晚上吃过饭的时候，爷爷奶奶带着孙子来玩，谁会想到现在有这么多的健身器材和这么好的运动场所。一位伯伯说，上关村除了有上关村公园，山上和田野里也有很多锻炼的地方，都有专门的运动跑道，在田野里也可以骑共享健身单车，如果到山上，空气更好。不过那儿多数是年轻人喜欢的，他们这些老头老太太就只能在公园里面活动活动了。听得小琪有点不好意思了，感觉自己来错了地方，决定下次去爬山。

回到睿智之家后，李婶早已准备好了早餐，小米粥、荷包蛋、凉拌黄瓜、小咸菜、花卷、馒头，还有一盘豆腐……老师兄方晨说："还是这个味道好啊，现在社会发展变化太快了，很多记忆都差不多只能是记忆了，再也看不到、吃不到了，但是，能够在变化这么快的乡村里，还能吃到 30 年前的早餐，幸福满满的……"

（本节执笔人：赵琳琪初稿、陈源泉修改）

跟着二妮去上学

根据调研计划，今天我们要跟着村里的二妮去上学，体验21世纪中叶中国乡村的教育情况。正常情况下，现在是放暑假，但是为了让我们队员得到体验，村里的小学校长杨老师还是特意为我们安排了一场“补习课”。

二妮，扎着两个麻花辫，上三年级。我牵着二妮小小的手往学校走去。他们现在实行的是素质教育，一个班级20人左右。

我走到小学前面，校门不大，够过一辆小轿车的距离，门的上面写着“上关村银苑小学”，我看到有三栋三层高的楼，从左至右分别是办公楼、增知楼、才艺楼。

办公楼是学校的领导办公的地方，老师们的办公室都在增知楼，那是学生上课的地方，由于上关村并不大，每个年级2个班，上课是环形座位，所用的课本全都是自助的平板。课桌是标准学生桌，中间嵌套一个平板电脑，输入自己的学号密码，可以自动选择上课科目及用配备的电子笔做笔记，所有的电子设备都是通过楼层顶上的光子发电机进行吸收太阳能发电、储电的。他们坐的座位可根据身高自动调节高低，学校每个学期会将学生的笔记压缩保存并更新，进入无纸化储存。如果有重点章节的知识点或者需要打印的习题可以远程传到打印室，再到打印室登录账号，现场打印即可。

真正惊讶到我的是，二妮这小小年纪，操作起来却如此熟练。二妮告诉我说，他们现在的考试全部都是无纸化进行的，在桌子上做题的感觉与翻纸质版卷子的触觉却十分相似。而且每一次修改都会有痕迹记录，想要作弊，真是万难呀。

才艺楼是二妮他们学选修课程的地方，有舞蹈班、武术班、钢琴班、古筝班，学校会根据学生的需求配备老师和器材，10 人选课即可开班。选课是在自己的平板电脑上，可以选自己喜欢的课程，系统会自动生成课表,上课的前一天会提醒第二天要上的课程及地点,需要携带哪些必需物品。

上课的过程中,老师的课桌上有个触屏平板,黑板是讲台桌后面的大宽屏触屏平板,老师可以直接在上面书写,手里还有一个小手写板,其实老师根本无须走到大触屏前面,直接在手写板上打字或者手写即可。由于全村覆盖“极速无线网络”(这是2035年的时候,国家实施了“无线网基础建设工程”,把上网确定为国家的基础设施,并且是完全免费的),老师上课过程中想搜索某些素材,直接就可以在教室进行。

其间,我们发现在增知楼与才艺楼中间有一个小屋,就问二妮那是干什么的,二妮说:“那是图书馆呀,现在我们的图书馆已经电子化了。”

我随着她走进去,发现根本没有一本书,全部是平板阅读。馆长告诉我们,以前别说是这种高科技,连纸质的图书都没有,当时大家一心为了全家生计操心,哪有什么时间去读书,根本没有需求。

那时馆长才十几岁，村里的小学只有两套平房，总面积不超过3 000平方米，一个年级只有一个班，每班学生30人左右，很多青年都在外地打工，所以就把孩子带到外地上学，也可以让孩子接受更好的教育。在那时候，大多的孩子寒暑假都是满地跑着玩，根本没有图书馆可以借书阅读，家长们也只是督促孩子们把寒暑假作业做完，村里最好的老师也只是从灵丘县请来的老师，哪像现在可以点击平板的视频课程直接听顶级名师的课程。当时孩子们的眼界也不一样，没有太多求知的欲望，不知为何而学习，甚至有些根本不想学习，连学都不上了，直接回家下地干活，或者出去打工了，早早地成家，慢慢承担起家庭的责任，更不会去阅读。逢年过节，聚会吃饭，就此与学校再无瓜葛。

11:00的时候，我们跟着二妮走在放学回家的路上，遇到一个70多岁的奶奶，向她问了一下几十年前学校的状况。奶奶说起当时的学校建设，那时学校只有两排小平房，校园里只有一个乒乓球台，角落是厕所分男、女两个，是五六个坑的那种旱厕，第一排是老师办公的地方，共有4个房间，一个是学校领导的办公室，一个是会议室，还有一个是老师的备课教室。后面一排全是教室。当时的课程包括数学、语文，上了四年级之后会学英语和自然科学。

孩子们是周一至周五上课，周六周日休息，每天早上有两节课，下午也有两节课，基本都是语文数学，四、五年级每周有两三节课是英语和自然科学。偶尔也会有一次歌唱比赛，没有如今的学校运动会、村运动会。那时候，一下雨校园基本就会积水，尤其进厕所的时候，那儿的地势低洼，经常积水。上关村这边雨季集中，有时下雨太大，考虑到安全问题，只能放假。教室里面没有空调，冬天的取暖只能靠炉子。

听老奶奶讲，现在不只是教育的发展越来越好，出去读书的大学生在国家的创新创业上，更是敢做敢想，有国家强大的后盾，与有利的条件，涌现一大批大学生返乡创业的企业与工程，小山村变成实现年轻人梦想的乐土，通过发展调动农民的积极性，人对人、人对户地讲解发展的规划，确保每户每人都能参与到创业中来，有政府兜底，农民们在看到希望后，也愿意加入这批从城里学成归来、发展的大军。

回家的路上，我们对二妮说："咱们这么好的条件，你有没有好好学习呀？"

二妮打开她的平板电脑向我们展示，我看到了从一年级到现在所有的荣誉证书，从学习优秀的三好学生，演讲大赛一等奖，荣誉证书都有不同的分类。而且，这些荣誉证书都与她的学习档案相关联，直接联网就可以查看。

教育是祖国的未来，愿我们一代接着一代继续奋斗。

（本节执笔人：赵琳琪初稿、陈源泉修改）

口渴了

调研过程中,队员们有些口渴了。本想去找个超市买矿泉水,询问村里有没有超市的时候,一位伯伯笑眯眯地跟我们说:"要喝水,哪里需要什么超市,我们这有从山上流下的泉水,直接就能喝,还甜嘞。"

我顺着伯伯指的方向望去,在不远处就有一个一米高的台子,雕成了白天鹅的形状。一压"白天鹅"的嘴,就会有清水流出来,低头张嘴对着水流,就可以直接喝了。还可以在"白天鹅"的翅膀上选择出水模式,出的是凉水、热水、还是温开水,可以自由选择。

仔细一研究,其实这个"白天鹅"本身就是一个净水过滤器,具有过滤和杀菌的功能,并有专门的公司定期维护。

伯伯告诉我们:"这是为了方便旅游的人或者到山里来远足的人们准备的。这些水都是从山上流下来的泉水，富含大量的微量元素，对人体十分有益。村里农家人吃的水都是这个。”

我还奇怪了，以为用的是厂子里送的自来水。伯伯又告诉我们，输水的管道全部装在地下，这样比较美观。

伯伯告诉我们，他家世代都住这边，一直吃的是从山上流下来的泉水，有专门的医学专家来做过调研，证明这边的泉水常年饮用对身体有益，能够降低血液黏稠度、强身健体、延年益寿。

我乘兴追问：“那跟之前的饮水相比呢？”

伯伯告诉我们，他爸爸本来想着通过考大学走出这大山谷，后来响应国家脱贫致富的号召，主动申请来灵丘上关这边担任驻村干部，与当驻村第一书记的同学一起来到上关，扎根农村，肩负起国家的复兴使命。所有的水资源规划，伯伯的爸爸都有参与规划，紧跟党的步伐，实地考察，向当地的乡里申请，聘请一家国家级研究院的高级研究员专门对灵丘的水质进行检测。得到检测结果后，就与一家矿泉水的生产企业进行联系。几次洽谈后，双方达成合作开发意愿，并向国家申请用于农户家庭的饮用水改造。这样一来增加了农户的工资性收入；二来当地人建设自己的家乡，更有激励作用；第三也是最关键的，当地人对当地水文环境熟悉，该如何改建与设计，大家经常开会讨论，最终建设成这样便利又美观的水利工程。

除此之外，现在国家对于饮用水建有即时监控预警系统，任何地方的水质都实现了实时监测，如果有一处水源受到污染或其他风险事故，都会有紧急风险应对措施。

晚上回去的时候，我们特地去李婶家的厨房看了一下。水是通过自来水管道输送而来，一开即出水，十分便捷。

每个水管上面有一个电子仪器，我很好奇地问李婶："这个仪器是做什么的？"

李婶告诉我们，这是即时监测水质的。李婶打开电子仪器，我们就可以看到各种监测指标的数值。

点击返回，还可以浏览监测的历史数据，可以通过无线连接导出数据直接进行分析。这些数据还会实时传输到国家饮用水即时监测预警系统。

方晨告诉我们："以前我们来的时候，出门都要带着水壶或者瓶装矿泉水。现在根本不需要带，渴了就能就近找到喝水的地方，真是方便啊！"

（本节执笔人：赵琳琪初稿、陈源泉修改）

村里的小店

今天李婶说要去买日用品，我也想看看，就跟着去了。

李婶告诉我，村里有一家小店，位于村中间，专门出售各种生活必需品。

到了之后，我从外面看，小店外墙是用当地的石头砌成的。走进去一看，这个乡村小店与城市里面的大型商店完全不同，装修风格古朴。

货架多数是用一些树枝搭建的,看起来好像还是活的。货架上有各种服饰、日常用品等。我看到店门口竖着一块大屏幕,走过去一看,这个屏幕只要输入自己想买的物品的名称,就能显示出该物品在店里摆放的位置。

我搜了一件衣服,显示这家店没有货。但在写着“此商店暂时无货”的提示下面,显示着在附近5千米处下关乡的祥和超市有这件衣服。我点开后,显示出如何过去,公交车什么时候到,最近一趟车还有几分钟到等信息。

李婶买了一些洗涤用品之后说要回去做饭了,我还想看一看有没有自己想买的东西,就让李婶先回去了。

我继续看店里的服装,多数衣服都是轻薄舒适的材料制成,没有试衣间,却有大约十几面镜子,每个镜子都是立体的,两面都可以使用。每一面镜子的左边都有一个巴掌大的小区域,仔细一看,也是一个“刷脸”的区域,只要“刷脸”,里面就能显示出个人数据信息（也可以手动输入身份证号）。而后，镜子的感应器会自动选择识别尺寸，拿件衣服到镜子前面，直接就可以显示出顾客穿上这件衣服的虚拟效果。除了衣物还有鞋子区、首饰区等。

我买完东西去服务台结账时，才发现这里根本没有收银员，直接把购买的东西放在感应区，感应区可以直接读出所购买东西的件数、单价和总金额，付款方式也已经完全跟城市一样了，确认所购物品和金额后直接"刷脸付款"。

回到李婶家的时候，我跟队员们说现在乡下的发展真是快呀，一个小店居然也这么先进了。

李婶回想她小时候跟爸妈一起去逛街购物的往事。十几岁的年龄，她特别喜欢逛街。大约在2020年那时候，当时李婶还在上学，每次去商店买东西都会跟着爸爸妈妈一起去。当时村里只有一个小卖部，只有一间屋子，货品也很有限，很多物品需要到县城里才能买到。

（本节执笔人：赵琳琪初稿、陈源泉修改）

逛一次村里的菜市场

我从村里卖衣服的小店出来后，在街上走着，看到了村中心广场旁有一个菜市场，又遇到了调研的队友，于是大家一起逛了一次村里的菜市场。

菜市场给人的第一印象就是干净、整洁。一栋厂房般的建筑分为几个大区域，每个大区又整齐地分隔为一间间的标准房作为商铺。商铺前有透明的玻璃橱柜，果蔬、肉蛋及其制品、水产品、乳制品、豆制品、调味品、熟食面点、水果、粮油及其他农副产品一应俱全。每一间屋子都有进出的通道，但并不是每个房间都有老板，很多商铺已经实现自助买菜。

不同区域所铺的地砖又有各自的主题色，绿色的果蔬区、褐色的调料区、白色粮油副食区、淡红色的生鲜肉类区、黄色的熟食区等，让人一目了然。

菜市场的顶部，照明设施十分考究，采用大量变色太阳能玻璃设计,通过玻璃在不同光强下的变色效果,白天可以在不同光照条件下补充适当的阳光进行照明。此外还可以将接收的光能转化为电能储存在蓄电池组中,当光照不足时还可以通过蓄电池供电,供给室内的节能灯补充照明,既满足照明要求还绿色环保。

菜市场室内还建有通风管网,既保证了室内的空气流动与净化,也将室内气温始终维持在一个让人舒适的区间。

垃圾处理方面,每个摊位前摆放着不同类别的垃圾桶,有趣的是垃圾桶下有固定的轨道,待晚上清场休市后,垃圾桶可按程序沿轨道自动送往菜市场角落的垃圾处理中心统一处理。

菜市场内乡亲们或碰到熟人攀谈几句、唠唠家常,或认真挑选心仪的蔬菜。人虽多,但一切都是那么井然有序。

回想起我小时候的菜市场,大小货车在路边黑灯瞎火地装货、卸货。因为货车挡道,其他要经过的小汽车、摩托车等就“理直气壮”地长鸣喇叭、大鸣喇叭。商贩们也都在赶早抢地盘，然后不受约束地说笑、吆喝、争执、吵架甚至群殴，经常还有卖早点和卖唱的乞丐加入，俨然一片乌烟瘴气、一地鸡毛的菜市场！下水道的废水、垃圾等也在空气中弥漫着腐臭味……如今的这般变化真可谓是翻天覆地啊！

我们一行人首先来到果蔬区。各种新鲜水果、时令蔬菜都摆放在玻璃橱窗里面。看着琳琅满目的商品，大家简直挑花了眼。我们随意走进一家蔬菜店看了看，店前面摆的是当地当季的各种蔬菜，有青椒、番茄和黄瓜等。店铺里面有一长排保鲜柜，里面摆满了外地购进的蔬菜，有芦笋、秋葵、南瓜和葫芦等。这些蔬菜都已经经过初步处理分装，并且标注有不同等级国家标准检测的标志。我们拿了些秋葵和生菜，一起放到结算处，付款方式与之前的小店一样，直接“刷脸消费”。

离开蔬菜店时，我们正好碰到店家进货回来，就询问店家：“你们不在店里，这些蔬菜是怎样保证质量的呢？”

店家说：“我们菜市场产品的来源地证明、质量认证证书和商品检验检测合格证都有，能够实现流通商品的溯源追踪。菜市场还配置快速检测设备，同时对每一批入市的蔬菜、水果的有机磷类和氨基甲酸酯类农药残留含量进行监测，不合格的不准进入市场，发现所售商品出现有毒、有害、过期、变质等质量卫生问题时，将在第一时间下架封存，并报食品卫生管理部门处理，绝对的安全。那边肉类区的一个鲜肉店也是我在经营，牛、羊肉都是周围农场提供的。从牛、羊的出栏检验，到进入菜市场，经过了多次质量安全检验。而且，肉类都是屠宰分割后立即运送过来，最长不会超过 6 个小时，最大限度地保持了其新鲜度。店里的活鸡活鸭也放在了透气的隔音箱里面，避免产生过多噪声，影响村民的正常生活。村民们不用经过一番讨价还价，也不会把农药残留超标的蔬菜、水果或者兽药、饲料添加剂、生长激素等不合格的肉类买回家。”

出了蔬菜店，我们来到隔壁一家水果店。店里的水果也是种类繁多，南方的百香果、凤梨、香蕉，北方的苹果、桃子等。每种水果都根据大小色泽分开包装，每种水果的主要营养元素含量也都标注在包装袋上。价格也不是很贵，水果店老板告诉我们，这些都是蔬菜和水果的直销专柜，农场种植出来的蔬菜和水果不经过批发商，也不经过菜贩子，通过直销专柜直接供给村民，便宜实惠，解决了买菜贵的问题。

买了些瓜果蔬菜，我们又来到了粮油副食品区。正好碰到一位卖粮油的店铺老板正在上货，便上前与老板攀谈起来。老板知道我们的来意，便热情地向我们介绍店里的情况："现在咱这里卖的大米和小麦粉都有产地标记。小麦粉还分低筋、中筋和高筋等不同种类；大米按照脱壳时间区分，分别有一天、五天、十五天和一个月，当然还有未脱壳的稻谷。这些稻谷的颖壳能够最大限度地保持大米的营养价值和口感。我们会在出售当天早上进行脱壳处理，当天脱壳，当天卖，让大家每天都吃上最新鲜的大米。”

“那价格呢？”我们关心地问道。

“这就要看产地了，咱本地产的质优价廉、销量最好；外地的考虑到运输成本会稍贵一些。这不又刚去村里老李那儿进了一批货……”

出了粮油副食区，最后大家来到生鲜肉类区。到了一家海鲜店，我们看到冷藏柜里是海边的鱼虾，有鲅鱼、白鲳鱼和带鱼等鱼类，以及基围虾、琵琶虾、竹节虾和南美对虾等虾类。大家合计着买了些基围虾，准备晚上做油焖大虾。

买完虾出来，我们又路过一家鲜肉店。只听店主向我们推销着自家的东西：“今天新宰的牛、羊肉哦，进来看看吧！咱家的肉吃着安全放心，小姑娘们买一点吧……”

这一圈菜市场逛下来，大家为村民现在丰富、便捷的物质生活水平的提高而由衷地高兴！

（本节执笔人：李金娜初稿、陈源泉修改）

李爷爷病了

今天中午的时候听到李睿叔叔说村里的李根爷爷发烧了。我们正好想调研一下现在乡村医疗的发展状况,就相约去看望李爷爷。

进了李爷爷的家,我们看见李爷爷躺上床上,精神很不好。

我们说带李爷爷去医院,李爷爷却说:“不用了,一会儿医生就来了。”

经过了解,原来现在不管是城市还是乡村,每个家庭都配备有“家庭医生”智能监测仪。如果身体有任何不适,可以带上“家庭医生”监测仪进行前期辅助诊断。

我们仔细看了一下这个“家庭医生”的使用说明之后,才明白这可是个高科技产品。戴上之后,相当于以前的医生给病人号脉一样,只不过现在是通过各种医用传感器,监测人体的脉搏、血压等一些常规的检查，而且其后台连接的是每个人的健康数据。还有国家医学大数据，这个功能更为庞大，可以辅助医生进行诊断，消除了以前城乡之间医疗资源、医疗质量不均衡的状况。

我们看了一下李爷爷的"家庭医生"的监测结果初步显示是感冒了，并且系统已经发送指令给了村里的常驻医生，医生还有 5 分钟就能到。

5 分钟后，我们见到了村里的医生。他根据李爷爷的"家庭医生"的初步结果，又人工检查一下，然后把有关信息上传到国家医学大数据，1 分钟后国家医学大数据提供反馈信息，确认了"家庭医生"和村里医生的人工检查结果，然后给出了药方。按照药方，医生给李爷爷留下了药，告诉他如何服用等，并嘱咐李爷爷每隔 4 小时要再戴上"家庭医生"监测一下，直到"家庭医生"提醒没事了才不用吃药。

最后，医生让李爷爷和他在"家庭医生"共同"刷脸"，我们都很诧异：这是玩的哪一出呢？

医生笑着告诉我们，这是自动结账程序，现在全面医保了，这次的费用不用老人家出，药品属于国家常规公共医疗免费支出的范畴，他们共同“刷脸”是走一个确认程序，类似于以前的签字。

医生还给我们介绍了，这次李爷爷只是简单的感冒，他来之前已经根据“家庭医生”的初步结果带上了药。如果是一些紧急的、特殊的药品，或者是遇到特殊的疾病，还有乡、县甚至省一级的医疗资源都可以调用。不用动手术的话，急需的特殊药品，如果村里没有，他会通过乡或县一级申领，然后会有无人机快递过来。另外，村里医疗所也配备一些常规的医疗设备，一些常规的手术也可以做。说是常规，其实智能化程度也很高，都是连着“国家医学大数据”的，有了这个背后的强大支撑，这些设备相当于“医疗机器人”。

“比我都厉害，我只是一个助手而已”。医生自嘲地说。更厉害的是，如果是村里做不了的手术，可以联系到乡、县甚至省一级医院去做。甚至，如果病人情况危急，还有医用直升机来接呢！现在国家各省（自治区、直辖市）都有通用机场，公共安全、紧急救援、医疗服务、公务飞行等都可以用专用飞机服务。

听完医生的介绍，我们不禁感叹现在的医疗条件真是好啊！

（本节执笔人：陈源泉）

上关俱乐部

下午，我们去了村里的“上关俱乐部”开展调研，刚开始我们以为这里是传统意义上的俱乐部，是供人们娱乐的场所。可是体验完我们才知道，这里不仅仅可以玩，还可以提供住宿，更是一个人们学习技能、培养各种兴趣爱好的好地方……

俱乐部在村子的东南方向，我们从李叔家步行前往，不一会儿就到了俱乐部的门口。一进门映入眼帘的是一座小型假山，都是村里的山上、河道里现成的原材料就地制作的。山中有水流出，坐落于一小片池塘中，池塘中有朵朵睡莲漂浮；向右看则看到一座凉亭，有人坐在里面乘凉。

进入大厅，不断看到有人来登记入住。我们随机采访了两位看起来20多岁的年轻人。经过聊天，这两个人告诉我们，他们是从北京来度假的，是通过“乡村自由行”的App推荐来的。

“这里环境很好，这种乡村俱乐部是以前从没体验过的，居住条件很不错，娱乐设施也很多样，是度假的好去处……”他们很满意地告诉我们。

过了一会儿，事先约好的俱乐部王经理笑盈盈地走了出来，带我们参观俱乐部。

王经理首先带我们在大厅里参观，大厅里有这家俱乐部的基本情况展示板。王经理边走边介绍：“我们俱乐部成立至今大约有10年了，最初是一家旅馆，经营得也还不错，之后由于这里的环境治理得越来越好，越来越多的人来这里度假，于是有了扩大经营的想法。同时在互联网上看到国内其他地区乡村俱乐部的数量日渐增多，而上关村附近没有一家乡村俱乐部，再加上政府的支持，我们的俱乐部就这样一步步改进提高，直到今天你们看到的这样……若不是政府支持把上关村的生态环境治理得如此优美，也不会吸引这么多游客过来度假，俱乐部的发展也不会这么快。所以说绿水青山就是金山银山，30 多年前习总书记的话一点也不错啊！”王经理讲到这，大家频频点头以示赞同。

之后王经理向我们详细介绍了俱乐部的情况。上关村的俱乐部是一家综合的俱乐部，它不仅仅是娱乐的地方，更重要的是具有“培训”的功能，它包含多家子俱乐部，包括各种棋类俱乐部、音乐俱乐部、书法俱乐部、国学俱乐部等，村民以及非本村村民都可以根据自己的兴趣爱好加入，大家一起交流一起学习。

走过大厅，进入俱乐部的后花园。第一眼看到的是几间装修古风十足的建筑，有一些人在一起交流着什么，王经理带我们过去参观，原来是书法俱乐部。

大厅里陈列着会员的作品。练习室则是大家平时练习和交流的场所。值得注意的是,该俱乐部还有一个小型的图书馆,陈列着许多书法家的相关作品供会员参考临摹。暂住的游客可以到大厅参观,如遇到自己喜欢的作品可以通过俱乐部联系作者进行交易。

离书法俱乐部不远的地方,是音乐俱乐部。王经理带我们走近音乐俱乐部的时候,已经隐约可以听见音符的跳动声了。刚走进去就听到了悦耳的古琴曲,我们驻足听了一会儿,是一首《高山流水》。此外,我们还看到有合唱排练室、弦乐排练室等。我们不忍打扰大家的排练,透过玻璃可以看到排练的有年轻人也有老人,每个人脸上都笑容绽放。可以看出大家因为共同的爱好聚在一起十分开心。

走出音乐俱乐部之后,今天调研俱乐部的主要内容基本结束。在准备离开时我们看到一个 40 多岁的阿姨在咖啡厅里休息,于是过去采访了她。

经了解，阿姨是合唱团的。我们简短地跟她聊了一下："阿姨，您为什么来参加俱乐部？"

阿姨十分淳朴和坦诚地说："因为我喜欢啊！"

"那您都什么时候过来呢？您参加的时间多吗？"

阿姨又告诉我们："我们合唱团一般每周五晚上进行排练，如果有比赛或者节目要参加的话，频率要高一些。时间有啊，现在种地也不像以前那么麻烦了，该浇水施肥的时候电脑一键搞定，我们有许多自己的时间。"

我们又问："那您参加这个俱乐部感觉如何？"

阿姨想了想，认真地说："我觉得参加这个俱乐部很好，实话说我一直就喜欢唱歌，在没有俱乐部以前，我只能自娱自乐，自从加入俱乐部之后，和大家一起练习，一起交流唱歌技巧。有时候还有老师过来指导我们，我的唱法提高了很多。我们村的合唱团还在一些比赛中获得了不错的成绩呢！而且我参加了不止一家俱乐部，我还参加了花艺俱乐部。参加这些俱乐部让我空余时间有了许多事情做,而且还有额外的收入!"阿姨说完略带羞涩地笑了。

"额外的收入?"我们听到这十分惊讶。

阿姨详细地讲道:"比如我在花艺俱乐部和大家一起交流插花艺术,我的插花水平得到了很大的提升,我自己开了一家网店,出售我的一些作品。其实赚钱不是最终目的,参加这些俱乐部让我感到充实和满足是最重要的。"

我们了解到,乡村俱乐部是近十几年发展起来的,既效仿国外的俱乐部,又融入了一些乡村本土的特色。上关村的乡村俱乐部是比较典型的一家俱乐部,不仅面对本村村民,还吸引外来游客参与,把俱乐部和旅游休闲观光结合起来,使上关村与外面的世界互通有无。既增加了上关村村民的经济来源,又增进了上关村与外面世界的交流,上关村不再是以种植农作物为主要经济来源的闭塞的小山村了。

经过调研，我们有强烈的去了解以前的上关村的想法，回到住处，我们立马查资料。得知以前这些俱乐部在上关村并不存在，唯一的俱乐部的雏形是村委会前的广场。那个年代每到晚上，几乎每家每户的妇女都聚在一起跳广场舞，这可以算是最早的露天俱乐部吧！之后随着农业机械化的不断普及，种地变得越来越高效，更多人的双手解放出来，每个人都有更多的时间去做自己喜欢的事，于是俱乐部开发就逐渐有了其必要性。最近几十年来，上关村对生态环境治理十分重视，使上关村的环境十分宜人。依靠这优越的自然环境，上关村从发展度假村开始，每年吸引一大批前来观光度假的游客，将度假村与乡村俱乐部结合，成为上关俱乐部的一大亮点。

经过这次对上关俱乐部的调研，我们深深地体会到两点：一是绿水青山就是金山银山。生态环境是我们赖以生存的基础，破坏环境发展不会长远；保护环境，走可持续发展之路，自然母亲的馈赠会远超我们的想象；二是发展离不开政府的统筹协调。正是由于政府加大力度保护生态环境，并给予新兴产业扶持，上关俱乐部才能得以迅速发展，成为当前国内较为典型的乡村俱乐部。

（本节执笔人：吕梓秦初稿、陈源泉修改）

村里的夜生活

“夏天的星星可真多呀！”坐在院子里的小月这样感叹着。

小月今年 9 岁了，在村里的小学上三年级。今天下午在跟着我们调研的时候，小月约我晚上和她一起辨认星座。

小月说：“我们平时也有科学课，老师说，北斗七星就像一把勺子，沿着勺口的方向延长出去，会看到一颗比其他星星都亮的星星，那就是北极星。”小月仰着脑袋，在天空中寻找北极星的踪迹。

小月的姐姐阿淼，此时正要出门。阿淼在外地上大学，除了假期很少有机会和儿时的小伙伴们一起聊天聚会。现在正值暑假，同学朋友们也都回来了，于是大家商量组织一次同学聚会，就在今晚。阿淼说今晚他们决定去吃烧烤，喝点小酒。

烧烤店坐落在村里稻田旁边的小树林，虽说是“店”，其实也没有专门的屋子，只不过有一些烧烤架，还有一些纯天然的座椅，跟李叔家院子里的桌椅一样，都是利用原生的树木改造的，白天这里也没有什么，到了晚上老板就带食材、酒水和娱乐设备到这里为大家服务。

这里是人们夏天的好去处，不仅有美食，还因为老板酷爱足球，所以老板专门请人设计了一下，利用稻田里长得绿油油的稻禾当“绿茵足球场”，在上面投放 4D 足球比赛，在树林里向稻田望去，就如同亲临足球比赛现场一样，非常逼真。当然了，这套设备也可以用来播放影视大片，给村里做一些科普、文化活动的宣传，都是采用了最新的情景真实再现技术。这段时间是 2050 年世界杯比赛期间，村里喜爱足球的人大多喜欢聚在这里，从一开始聊球队，聊俱乐部到后来家长里短、地理政治，无所不聊。

吃完烧烤，阿森去了村里的“山腰酒吧”，她告诉我们村里可以喝酒的地方也有很多，能喝到各种各样的酒。而年轻人更喜欢去安静的酒吧，在温柔的背景音乐下和重逢的朋友叙叙旧或是谈谈最近的工作和感情生活，令人很放松。村中的生活虽然没有城市那样忙碌，但是人们也需要感情上的沟通。夜晚人们暂时停止了工作和劳作，开始享受悠闲的时光。

阿森说，她很喜欢今晚来的这间“山腰酒吧”。

它在半山腰，非常安静，抬头可以看看星星、月亮，伸手可以“逗逗”萤火虫……也可以俯瞰夜里的整个上关，猜猜谁家没有亮灯，他可能早早睡去了；有的灯光一直亮着，那他可能还在努力工作；有的房间一直在变换颜色，那他可能在和她欣赏一场电影……

老师兄方晨告诉我们，30多年前他来村里实践的时候，到了晚上9点，村里就漆黑一片、寂静无声，感觉像无人村一样，队员们晚上也只能在住的小学里面写写总结、聊聊天而已，村里人晚饭后基本也不开灯，都早早睡了。没想到现在乡村里面的夜生活也是这么丰富啊！

阿淼说，那个时候村里都是“38、61、99”部队，年轻人都外出打工谋生了，生活条件也差，哪会想到“享受”啊，也没机会、也没心情。

我问阿淼：“你今晚的夜生活都是吃吃喝喝的，适合年轻人，村里的大人和老人们晚上怎么度过呢？”

阿淼转过头来说：“现在村里的人口结构不像以前那样清一色的都是本地土生土长的村民，也有很多外来人在这里工作、生活，乡村已经成为大学生毕业之后就业或创业的首选地之一了。”

呷了一口以村里自产的枸杞为原料的“锶酿”，阿淼接着说：“在年轻人的带动下，村里的夜生活也丰富了。当然了，这也不是年轻人的专利，现在大人和老人们也有自己的娱乐，你看下面那个香林庙对面的古戏台，那是老人们夜里喜爱的地方，在那里聊天、喝茶、听听戏曲都是可以的，逢年过节的时候，戏台还有上演非物质文化遗产戏曲——罗罗腔。其实，有些年轻人也挺喜爱传统戏曲的，如果想学，国家有专门的中华优秀传统文化传承项目的经费支持……"

（本节执笔人：杨佳初稿、陈源泉修改）

乡村信息化

队员小岳对乡村信息化发展现状非常感兴趣，因此他花了一天的时间，专题调研了村里的信息化发展现状，写了一篇总结日志。

1."极速无线"全村覆盖

本村居民的 95%以上（除了婴儿）都在享受网

络化服务。21 世纪是信息技术高速发展的时代，网络已经是社会生活的必需品和生产的基础设施，人民的生活方式在信息社会快速发展中发生着巨大改变。工作、学习、饮食、娱乐等均可实现足不出户，远程遥控；出行、点餐、物流等，只需在手机上提前下单，几分钟便有车接驾，不一会儿就能送餐上门，城市的信息生活方式已经全面向农村普及。得益于“极速无线”的全村覆盖，网络信息的流通，各行业间的合作与交流更加紧密，生活信息互通互利。截至目前，本村已经发展了 3 个外卖固定供应点，方便了本村村民的用餐需求。网络点餐，门店制作，人工智能配送，可以让顾客感到用餐便捷、卫生、环保。人工智能的好处不仅仅是配送服务，假如你没有在既定的时间内用餐，它还带有自动保温、保鲜的功能等。小宋便是村里一个典型的得益于农村信息化的店老板，夫妻两人经营了一家本村特产小店。由于本村特产远近闻名，加上网络化宣传力度较大，人工智能配送也可解决远距离配送问题，他们的小店不大，但是接的订单却来自全国各地。这不，今早小宋就接到了一位来自广东顾客的订单。由于经营有道、生意火爆，小宋的年收入已经肩比城市中上收入群体。在绿水青山的乡村也可以得到较高的收入水平，这就是农村信息化的魅力和实践效果。

2. 家电人工智能化

自动室内控温、湿器，入户人脸识别、美食烹饪机、健康监护器、屋内自动清洁器等在农村推广，政府还有购置的补贴政策。村民住在智能化的屋子，享受着远程遥控的乐趣。就拿家用的美食烹饪一体锅来说吧，家里只需要一个高智能的美食锅，便可做出自己喜欢的各种美食。设备自动预存储了各式菜单、菜品的制作方案，用户还可以根据自身的喜好调节制作步骤，烹饪出自己喜欢的菜肴。更为神奇的是，无论是工作一天疲惫的青年，还是正值长个的儿童，或是蹒跚的老人，这个智能美食锅都可以根据用户的不同身体状况来推荐菜式，真正从饮食上解决健康问题，提高村民健康指数。

3.移动互联网下的乡村教育

中小学均已配备了网络教学设施。教学资源实现了网络化、视频化。本村的学校教师主要担任监管任务，引导和设置教学进度，教学内容主要由视频主讲完成。由于“无线极速”互联网的全面覆盖，本村的教学质量大幅提高，学生再也不用限于条件而出村上学，实现真正就地上学。小强是本村一名家境相对较差的小学五年级学生，他已经不用再为交不上家教费用而发愁了，因为网络教学的普及，使得他免费拥有与其他同学同等质量的教学资源，教育成本显著下降。同时，由于网络教学的方式多样化和趣味性，使教学过程生动形象，同学们也能很快掌握学习的重点和难点，同学们学习的内容更容易运用到生活。目前村民受教育程度大大提高。

4. 农村信息化服务管理系统

由于网络的普及化，村里的各种信息得以更加透明化、人性化和系统化。就拿创业信息和村里的经费管理信息来说，村里有专门的创业信息平台，村民可以就自己的创业想法在平台注册账号，该平台可以帮助收集创业所需要的各种资源，如公司申请手续、流程以及需要具备的资质等。同时可以在该平台上发布创业规划，在线寻找合伙人，平台也会不断地完善升级，还开发了产后销售等增值服务。服务的内容精细准确，均可追源溯底，让合作、交易的双方都能互信公正合法。即使中间环节出现了一些问题，也能获得在线仲裁或在线律师服务，可以切实保障双方利益。同时，系统可以帮助检测投资风险，在投资创业出现较明显风险的时候可以自动提醒注资创业者，将损失降到最低。村里的经费管理也实现了信息化。村里公共设施建设，村民生活保险等相关信息，村民只需要打开手机，输入自己的个人账号，均可快速查询本人、本村近期的政策经费收支情况，村里每个村民都可以对相关经费使用以及本村设施建设提出建议和方案。根据村里的李大爷介绍，自从有了这个服务系统，自己每月的养老保险、土地流转费、电费水费等都可以查到，系统还可以语音提醒和播报自己家中各种经费的剩余情况，评估大爷本月是否达到环保村民的标准，方便快捷。系统还可以根据村民本月的一些家电使用情况评比本村的低碳标兵，并予以公示。当你发现村里的某些公共设施需要改善了，或者村民有某一方面公共设施需求的，还可以在本系统中提交维修或者修建的意见，优秀的方案会被上报并审批实施。

5. 物联网信息牌

自从农村实现全面信息化以后，村民们的农产品信息也都已经纳入信息化管理。每一批次的农产品都有相应的二维码，消费者只需要用手机扫描产品中的二维码就可以获得本产品的所有信息，包括农产品种子的购买、种植管理、施肥、病虫草害的管理、采摘、运输等各种信息。农产品的信息透明化，使顾客不需要在购买的过程担心产品安全问题。即使出现食品安全问题，也可以迅速追溯到责任人。手机支付平台可以保存个人所有的消费记录，并且分门别类，以方便用户迅速获取消费信息。

6. 大数据医疗服务

本村的所有居民都能享受“国家医学大数据”提供的远程医疗服务。每个家庭都配备有我们在李爷爷家见到的那种“家庭医生”智能监测仪，村民只需要利用“家庭医生”设备，便可在家随时看病。

总体来看，上关村的信息化是全面的信息化，农业、农村和农民信息三位一体，经济、政治、文化、社会和生态环境五位一体的信息化，各个要素联结融洽，互为因果。农村信息化的初步成果已经促进了农村经济的发展，提高了农业与非农产业生产率，提高了村民生活的幸福指数，改善了地区生态环境。具体体现在以下几个方面。

第一，农村收入更大程度提升，已经基本与本村组织体制及信息化要求相适应，“二元经济”已经基本消除。其直接表现为上关村与城镇居民在经济、文化和社会保障等方面的差距几乎可以忽略不计。由于农村信息化的发展，本村的经济发展不断扩大，实现了统一经营，结构组织系统化，生产成本降低，效益不断提升。

第二，本村信息基础设施已经全面覆盖。公共的信息基础设施，以及私人的信息配套设施、智能家居等在本村已屡见不鲜，真正实现农村全网化服务。

第三，本村的农村信息化建设与维护主体是由国家统一负责的，不像以前村里搞个什么建设项目有时还需要村民集资。现在如果村民集资的话，不再是为了解决公共物品建设，而是可以专心于发展和完善本村产业发展项目。

第四,本村农村信息化人才发展均衡化。政府定期委派专业信息化科技人才到本村户中解决村中信息生产分配、交换和使用问题,实现信息化人才的高效化和精确化。

第五,本村的信息创新已经大步发展。广大村民已经成为创新主力军,吸引了大批企业投资。农村信息化反馈机制已经逐步建成,信息使用过程中出现任何问题都可以得到快速解决。

(本节执笔人:岳顺念初稿、陈源泉修改)

第三天:产业兴旺

(2050年7月25日)

摄影:王琳

跟着老李去下地

早上7:00,刚吃过早饭,村里的土地承包经营大户老李就来了,挥着手,喊我们赶快上车。

老李是个1.8米左右的壮汉,穿戴干净利索,方正的国字脸上只有些许新冒出的胡茬,皮肤也没有想象中风吹日晒的黝黑,看着45岁左右。后来交谈中才知道,原来老李是最早的一批90后,今年已经60岁了,几十年前农村实行土地确权"三权分置"之后,他就开始通过租赁村民的流转农田及山坡,后来又进一步通过村民土地股份制,慢慢地已经是远近闻名的农民企业家了。

按照计划,今天上午我们跟着老李下地,亲身感受一下新农村的变化,也为我们的科学研究提供更为开阔的思路和方向。

我们每个人都戴着准备好的遮阳帽,拎着各自的水壶和背包出门了。看到老李正斜靠在一辆黑色的越野车上，正在逗一个扎着漂亮小揪揪的 6 岁左右的小女孩。老李看到我们过来，小女孩向我们挥挥手，然后就蹦蹦跳跳地跑开了。

老李坐到驾驶位，我们也打开车门坐到后面，疑惑现在正值暑假，这小女孩自己去哪呢？询问老李才知道，现在村里的教育发展得特别好，不只是文化课学习，一些歌唱、舞蹈等专业的老师也在村里开了兴趣班，小孩子们对哪些感兴趣，就可以在寒暑假或者星期天自己去学习，也不用家人专门送去城里了，安全方便。

出了村庄不一会儿，我们就看到一块块绿色的玉米和水稻，不远处的山上分区种着核桃树、杏仁树和花椒树等。

快到田边的时候，队员小刘从背包里掏出了防晒霜，脸、脖子和胳膊都没有放过，仔仔细细涂了一遍，老李从后视镜中看到，微微神秘一笑说："现在下地可不用防晒了啊！"

小刘反驳说："怎么不用呢，我之前去过一个乡村下地的时候，上山的路都走了好久，下地晒得脸通红，回去同学都说我黑了几个度呢！”

老李一边开着车，一边跟我们说：“那是以前，别说脸晒黑了，我年纪还小的时候，种麦子或者玉米都是用牛或者人工拉着播种，撒肥料、浇水都需要人工来做。地里粮食成熟了，也是一队队人分好，开始集体用手收割，有时候收获时遇上阴雨天，来不及收的话，很多粮食在地里发霉啊！现在可不是这样了，一会儿好好给你讲讲……”

我们好奇地问老李：“在这北方的山区里怎么能种水稻呢？在山里种这些经济作物的想法，又是怎么来的呢？”

老李还没回答，队员小刘就抢着说道：“这个我知道！我知道！这里虽然说是北方山区，但是却不是你想象中的那么干旱，灵丘水资源总体来说还是很丰富的，光照、温度等条件其实也适合水稻生长。而且由于地形等原因，上关村这个地方的水土很好，水中含有对人体有益的微量元素——锶，种植的水稻中也含有锶。当时有个回乡创业的有志青年，就想着发展差异化的特色种植业，于是便开始了有机稻的种植，并取得了有机认证，还形成了品牌呢。”

老李点点头，正好路过水稻田，便把车停在水稻旁的空地上给我们说：“后来灵丘县很多村民都受了他的启发，开始种植有机富锶水稻，我当年也是其中的一员，现在他通过互联网已经将有机富锶水稻远销海外，帮助灵丘县很多村民脱贫，但当年刚开始种植有机富锶水稻可不是那么简单呀！”

老李顿了顿，打开车门，下车走到水稻田边，我们也跟着走下来。老李凝视着眼前翠绿的水稻田说：“有机水稻是遵循自然规律和生态原理，采用一系列可持续发展的农业技术，维持持续稳定的农业生长过程。刚开始不知道选择适合的品种轮换种植，第一季还好，后来病虫害特别严重。为了保障水稻的有机、绿色，又不能喷洒农药，水稻减产很多。后来，国家大力支持农村农业供给侧结构性改革，支持农村多种经济共同发展。国家还鼓励农业科技人才到农村，帮助我们选用专门培育的有机稻种，通过选种、浸种消毒和催芽，对种子进行必要的处理，而且学会了配制营养土、苗床处理、秧田管理、病虫草害防治等措施。以此来确保有机水稻健康生长，有机水稻才慢慢稳定发展。到了2020年，国家启动了智能农业科技项目创新与示范推广，有机水稻种植开始连接上互联网，农业真正进入了飞速发展的时代。来，上车吧，前面就到农田控制室了……”

老李没有带着我们深入到地里，反而驶进了农田旁边的一个二层小楼的停车库。

下车后，老李边走边跟我们说，原来上千年来农民面朝黄土背朝天的日子已经过去了。由于智慧农业的发展，农田也用上了高科技，玉米播种的时候是用大型智能机器自动播种，只要提前设置好机器的播种路线，将玉米种子放在机器内部，通过卫星导航就可以自动播种了，播种完成后机器会自动回到指定位置。水稻插秧的时候也是类似，这样不仅省时省力，播种和插秧的规格也严格统一。同时后期的施肥灌水管理也实现自动化智能操作，可以大大提高作物水肥利用效率。

老李又领着我们走进了一间类似控制室的房间，房间里有两位穿着工作制服的年轻人，不时看着各个仪表上的数字，不时低头简单操作着，房间正前方是几个屏幕，分别监视着玉米、水稻及山坡上的核桃树、杏仁树和花椒树等。

老李告诉我们，这两个年轻人分别毕业于农业工程技术和农作物栽培与耕作专业，现在是他的员工。他们的员工都有统一的制服，以增强集体意识。接着老李又指着左边仪表对我们说，农田及山坡上的经济作物安装有各种仪器实时监测土壤的酸碱度、温度、含水量、氮、磷、钾等营养元素的含量，太阳光照、辐射量以及作物的冠层温度、湿度、旗叶的各种光合指标，通过卫星和无人机来拍摄农田的照片，最终这些数据和图像通过控制室里仪表上的数字显示出来，计算机综合数据分析，以此来确定具体每一块作物的生长状况，并且结合精确的天气预报数据，建立模型并进行数据模拟，据此来预测未来农作物的发展状况，为农田种植和调整提供帮助，并利用地下埋有的水管通道，精细施肥和灌水，节省水肥资源。右边的仪表上显示的是各种作物的病虫害情况，通过田间安装的探测器、摄像头从而实时监控农场中害虫的密度，并将信息通过无线联网，当害虫的密度超过设定的警戒数值时就会发出信号，此时安装在农田中的另一个装置喷洒干扰昆虫交配的信息素，从而达到控制虫害的效果。

这时，我们在控制室里面看到了一块牌子，上面写着“中国农业大学野外教学基地”。我们纷纷走过去，老李告诉我们：“这是你们学校 10 年前挂的牌，其实，早在 30 年前国家提出乡村振兴战略时候，你们学校为了服务国家大战略，培养国家需求的乡村振兴‘一懂两爱三有’的高质量人才，大力进行教学等一系列大刀阔斧的改革，开门办学，在全国设立了很多实践教学点,我这里是 10 年前设立的。另外,离这里不远的地方,还有一个你们学院的野外科研基地,一会儿你们可以去看一下。”

正说着话,我们听到一个声音:“主人,玩家订货了!”

原来是老李的手机,我们正好奇这是什么游戏还能订货,老李说:“这是最近很火爆的销售平台,以游戏为平台,公益平台为辅助,农产品注入游戏平台中,为农产品打开销售渠道。游戏玩家作为中间者也会获得相应的公益等级证书,以前农产品销售难、农产品销售停滞造成农产品价格下降以及农产品腐烂浪费等问题都解决啦!这为我国农产品的销售创造出新的渠道,现在农场的农产品都可以通过游戏订购呢。”

之后,我们跟着准备取样的工作人员一起去了地里。农田边上有一辆小型的类似观光车的车辆,我们就乘坐这辆车开始了实地学习。

地里有几条供这种观光车走的硬化道路,两边的玉米或水稻整齐有序地排列着，每到一个取样地点，工作人员利用先进的仪器迅速取样并测定。工作人员打开手机中的一个应用，我们好奇地探过头去，工作人员告诉我们："这是一个综合性农场管理的 App，农民在这个 App 上通过简单的操作和直观的图片直接掌握农场的各类关键性信息，包括降雨量、日照参数、气温记录和热量积累、土地成分等。App 可直接对农作物生长作出分析并给出科学的灌溉和施肥建议、预测农作物病虫害，还能实现收获后的库存管理，同时能够提供准确的农场投入产出等效益分析。同时，该 App 支持多移动终端登录及用户间信息分析和共享，农场全部工作人员一起休假都没问题。只要有这个 App，可以随时掌控农场的状况，而且还可以通过它即时关注农作物的生长过程，让大家买到放心的产品。不仅种植农业搞得棒，休闲农业也不差呀。"

工作人员还说："山坡上也有专门硬化的道路或轨道通向各个作物种植区，这里每当作物栽种和成熟的时候都会举办传统种植文化旅游活动，会特意选出一些地块，采用传统耕作技术进行种植和收获，不仅发展了当地的旅游业，打开了农产品的销路，增加了村民的收入，同时也传播着中华民族勤劳能干的传统美德。”

是啊，高科技是为了方便人们生活，提高人们的幸福感，绝不是养成惰性，我们不禁感叹着……

老李说：“小的时候啊，村旁边的山，都是荒山，不容易上山，也种不了庄稼，村民也没想过干点其他的。夏天荒草乱长，山上倒有些野果，身手好点的青壮年没事也去摘点自己吃。可到了冬天，就只剩一片光秃秃的山，裸露着地面，零散地有些枯树，没有一点活力啊！”

停顿了一下，老李又精神抖擞地说：“后来啊，党和国家的政策越来越好了，2004 年我才十几岁，就听说党中央出台的‘一号文件’中关注‘三农’问题，到 2018 年党中央已持续下发 14 个引导‘三农’工作的‘一号文件’，14 个文件都是针对如何加快农业现代化建设、实现全面小康目标，党中央对我们农民的关心越来越多啊！我刚上大学的时候见到外面的大城市，就想着要是我们村里面的人也能过上这样的生活就好了，在上大学期间就选修了作物栽培种植、果树种植以及农业机械等课程，也留意着互联网和身边关于新农村建设的事例。毕业的时候，国家鼓励回乡创业，我想正好利用在外面学到的知识改变我们村当时的现状，就回到了村里，一步步走到了现在，以前实在不敢想象农民也能过上这样幸福的生活啊！”

经过一上午的学习，我们不由地感叹，科技给农业生产带来的变化真的是巨大啊！

（本节执笔人：李金娜初稿、陈源泉修改）

体验现代农业科研

为了提前了解现在学院老师们的田间科研工

作情况，在老李的带领下，我们到了“中国农业大学农学院野外试验基地(灵丘)”。

到了基地门口，迎接我们的是学院的崔老师，见到我们崔老师说：“欢迎同学们来到试验基地！你们来两天了吧，非常抱歉我前两天在学校有学术会议，今天刚过来！今天我带大家熟悉一下我们学院老师在这里的田间科研情况，虽然你们现在还是大一的新生，但是提前了解一下老师们的科研情况，也有助于你们大三大四的毕业训练的选题。”

随后，崔老师带着我们边走边介绍。

首先，崔老师给我们介绍了整个基地的情况。说是基地，其实这里只看见布置的一些试验小区以及田间试验设备，却看不到办公楼或者实验室之类的建筑。

崔老师告诉我们：“这只是一个试验点而已，只有部分试验设置在这些小区里，很多试验都分布在田间。而且现在村里的条件非常方便，来做试验的老师和学生都是住在村里的。而一些室内监控的装置和测定的工作则与老李合作，在你们刚才参观的那个楼里呢。我们这里的试验成果都会及时应用到老李的实际生产中去，做到了科研与应用的‘无缝衔接’！”

接下来，崔老师大致给我们介绍田里的试验内容。试验主要根据灵丘的自然环境所设置，有作物品种选育试验，主要开展水稻、谷子、黍子、荞麦等杂粮、中药的品种选育工作。利用育种专家研制出来的最新品种，根据灵丘的自然环境，筛选适合灵丘种植的最优品种；有作物生长模拟试验，以筛选出来的最新品种作为研究对象，全程监控作物的生长发育过程，精准控制每个生长节点的作物生长需求，不同的水分、肥料、酸碱度对作物生长的影响，不同的气候条件下作物生长发育的适应性，并不断地更新研究数据库，用这些结果来调整作物生长模型，最终的模拟结果会跟农民的 App 联系起来，指导农民的生产活动；也有作物生长抗逆预测试验，灵丘这个地方土层较薄，在干旱的年份，极容易造成旱灾，虽然品种正在不断更新，但是对于极端天气的出现，一些作物品种也无法完全适应。而一旦出现极端天气，如果没有提前做好准备，很多农场的生产就无法保证，设置这个试验的目的，就是希望能够通过不断监控气候环境状况提前预知未来逆境的出现，并针对这些逆境研究了相应的应对措施；另外，这里还有生物能源试验，现在生物能源是我们的主要能源供应，而生物能源的种类现在还在不断挖掘。灵丘这里生态环境好，生物多样性高，这里正在研制新的生物能源种类以及配套种植技术。

说到这里，我们对这个充满了好奇，要是真的能用生物能源代替现有能源，那将是一场革命啊！小刘兴奋地说："我对这个好感兴趣啊，真希望能看到以后世界能不被能源所控制，那将会减少很多国家间没有必要的纷争啊！"

崔老师说道："是啊，现在农业不仅仅是支撑着人们的吃喝，农业正在往生活的各个方面渗透啊。"

崔老师继续给大家介绍道，当她还是研究生的时候,每次下地干活就需要准备好几天。有哪些测定指标啊,怎么取样啊,需要准备哪些材料啊,需要找几个工人帮忙啊,样品取完了要及时带到实验室里处理一下,怎么测定指标啊……一系列的问题都需要提前想好、计划好。

现在科技发达了,这些步骤都变得简单了,学生们每天思考的并不是怎么取样,怎么测定指标这些内容了,因为这些都已经完全流程化了,他们更多是要考虑试验设置与改进,试验测定指标背后的意义,研究内容有哪些是更值得进一步探索的。

说着,崔老师点开她的“个人科研助理”,扫描了试验田边上的二维码,整个试验作物的生长信息随即出现在我们面前,从作物播种、施肥到每天的生长状况等。我们甚至可以看到作物拔节的详细过程,这在以前只是听说,晚上的时候去地头,能听到玉米拔节的咔嚓咔嚓的声音,没想到竟然能详细地观察它的过程。

正说着,崔老师的“个人科研助理”发出语音,告诉崔老师今天作物逆境预测试验组的学生将在下午 4 点来取样。

“时间差不多了，咱们去看看你们的师姐是怎么取样的吧。”崔老师说。

不一会儿，只见一位漂亮的师姐缓缓而来，师姐并没有我们想象中的穿着实验服，戴着遮阳帽，提着各种试验材料。而是穿戴整洁，手中拿着一个黑色的类似平板电脑的小仪器，后面跟着一台设备。

师姐告诉我们，她今天是来取土壤样品的，手中拿的是移动监控设备，旁边的这台设备是土壤取样器。

师姐同时告诉我们，试验内容完全是自己的兴趣，试验设计初稿是她先阅读分析了大量国际上做过类似试验的文章后拟定的，而后导师课题组就该试验方案展开了讨论，她再根据导师的建议完善了细节。完善后，她就把讨论并完善过的试验方案定稿，发到了他们实验室的共享平台上。该共享平台为实验室内部设置，对实验室所有成员公开，里面包括实验室历年的研究项目内容。每个项目为一个版块，在该版块下，包括了试验的方案、试验每年的记录、每个试验测定指标的获取方法、每个测定指标的数据收集与处理系统。此外，还有试验地的实时监控系统。值得一提的是，实验室的监控系统，除了监控地上部作物生长状况以外，还包括地下部的土壤水分、养分的实时动态，可以根据试验需求，参照土壤状况的实时状态来控制浇水和施肥的系统进行自动控制。

师姐告诉我们："为了在大田状态下完全模拟试验处理，避免处理因为试验地土壤基础状况不同带来的差异，我们的试验没有单独分片划区，而是根据土壤监控设备监控结果，在具有相同土壤性质的地区设置试验处理，处理就分布在咱们的农场中，与农场非试验区的部分没有区别。"

带上试验的移动监控设备，根据北斗卫星定位指示，师姐带领大家来到了她的试验区。今天她要给大家展示样品获取装备及操作步骤。她的得力助手——智能土壤取样器,已经在旁边待命。根据设置,她要取 2 米的土样分析土壤的理化指标。只见她在土壤取样器上设置了土壤的深度,然后让它与移动监控设备相连,选择具体的位点,开启开始键。土壤取样器收到指令,前行到定位地点,只见它伸出一条臂,落到地面,开始延伸,并没有很大的声响,一分钟后,它的臂开始回收,一条 2 米的土柱就这样被取了出来,放置在后面的冷藏室里,贴上条形码,一个样品就这样取完了。土壤取样器又自动开始另一个位点的取样工作。

取样工作完成以后,师姐将取回来的样品带到样品分析室,工作人员接过样品,对条形码进行扫描,读取了土壤样品的处理步骤与测定内容,开始下一步的工作。

"您的试验数据结果将在下午发送到项目的共享平台,请您到时候查收。"土壤样品自动分析仪器做出这样的回应。

告别师姐,崔老师告诉我们,她以前取土壤样品，至少需要3个男工人打土钻，一天也就只能获取十几个土壤样品。夏天害怕中暑，经常早晨5点多起来去打土钻。现在可好了，一个设备一两个小时，就能干完所有的活，又精准又方便快捷。

崔老师说："其实我不来试验田也可以远程监测并实时观看作物的生长状况，通过远程控制设备来控制田间的各种操作。"

这时，同学们都好奇了："如果真的是这样，您为什么不在学校远程操控，非得大老远的经常跑到基地来啊？"

"这只是科研上的便利而已，但科研不能仅仅是纸上谈兵，尤其对于我们搞农业的，一定要接地气，需要深入实际了解更多的问题和需求。不下来，怎么找到科研的切入点呢？"崔老师说。

崔老师最后又教导我们："农业是立国之本，随着乡村振兴战略的实施，目前我们国家已经实现了农业农村现代化，社会主义现代化强国的这块'短板'已经补上。当然，未来我们还要继续努力，为世界做出更多的贡献。现在中国已经是世界农业农村科技创新中心之一，许多国际学者都在中国开展研究，学习中国经验。当然，不管怎么样，农业科研的本质永远是为人类的食物安全和营养健康、生态环境安全持续提供动力，农业科研要立足这一根本，深入一线，才能真正做出适合实际的成果。现在对于一个科研工作者的评价，也不只是看文章，比业绩，重要的还是要贴近生产，促进生产力的发展啊！”

我们听了崔老师的讲解，对现代农业科研有了更清晰的认识。

（本节执笔人：崔吉晓初稿、陈源泉修改）

这是白领还是农民？

告别了崔老师和老李，从地里出来准备回村吃午饭。刚到村口就见到一个文质彬彬的男青年不停向我们挥手，只见那人留着干净利落的短发，脸上挂着谦和的微笑，黑框眼镜下的一双眼睛炯炯有神，身穿浅蓝衬衣搭配蓝黑色的西裤显得十分干练。下车询问才知道这是村里惠丰食品有限公司的金经理，原来金经理得知我们一行来观摩考察，特地过来请我们去他厂里看看，顺道一起吃个午饭。

一行人互相打过招呼，便在金经理的带领下向惠丰公司厂区方向前进，路上金经理开始向我们介绍起厂子的情况："这厂子是我父亲一手带起来的，想当年他老人家那时候，咱农民都是面朝黄土背朝天，辛辛苦苦种地卖粮食，收成要看老天爷的脸色，即便是丰收年，光靠卖粮食也赚不到几个钱！"

"是啊！传统粮食作物种植，产出的原始产品附加值非常的低，利润自然也无从谈起。"我们应声附和道。

"所以我父亲就想，为什么不能在咱农村就把粮食加工了，把利润留在咱农民自己的口袋里？于是父亲就东拼西凑借钱买来了一套设备，生产起了粮油等产品。”说到这里金经理停住了。

“那结果怎么样呢？”我们满怀期待地问道。

金经理露出了尴尬的笑容，叹了口气继续说：“当然是赔啦！咱自己做的东西虽然好，但是没人知道啊，那时候身边也没人懂产品营销，都说‘酒香不怕巷子深’，但实际做起生意来可不是这么回事。看着好东西一点点砸在手里，父亲愁得头发都白了。”

听到这里我们不禁发出疑问：“那现在这个厂子是怎么壮大起来的呢？”

金经理却卖了个关子，只是缓缓说道：“这多亏了一个贵人啊！”

说话间，我们已经来到厂区，迎面红色的大石头上刻着“惠丰食品有限公司”几个大字，庄重气派，从厂区平面图上可以看出，食堂、公寓、澡堂、超市、运动场、医务室等基础设施一应俱全。

经过门岗时金经理给我们每人发了一个绿色的小卡片，上面写着“接待卡”三个字，金经理说道：“进了厂区，这就是咱的通行证。”

正当我们研究着这个小卡片时,突然听到广播传出一阵悦耳的铃声。

“到饭点喽!”金经理话音刚落没多久,就见到厂区陆陆续续走出来许多青年男女,奇怪的是这些年轻人并没有穿统一的工装,而是都穿着自己喜爱的衣服,或休闲或时尚,唯一相同的就是胸前别了一张和我们手中相似的小卡片。

可能是看出我们的疑问,金经理解释道:“现如今咱们的生产车间已经是全自动化管理了,以前那种流水线上徒手操作的日子已经一去不复返了。工人们只需要在电脑前进行调控就行,这样既安全卫生,效率又高。另外,现在的年轻人都愿意彰显个性,谁还喜欢穿得千篇一律啊!除了个别工种外其他的已经不太要求着装了。”

“但是这样管理起来方便吗?”我们问道。

金经理微微一笑:“所以需要你手里这个小卡片啊,我们将员工信息录入进去,这个卡片不仅可以进出门禁,方便考勤,还可以在食堂就餐买饭,洗澡洗衣。另外它还可以将数据回传，这样我们就可以了解各车间的员工工作位置、状态等信息，可以更科学地进行人力资源分配，让管理更加人性化。总之，在厂区内这就是万能一卡通。”

听到这里我们不禁感慨发达的科技带来的便利。

跟随人群来到食堂，“安全、卫生、营养、美味”等标语映入眼帘。食堂共3层，各种口味的菜品一应俱全，可以满足不同员工各种需求，此外更让人羡慕的是不仅饭菜精致可口，价格还十分低廉。

金经理解释道：“食堂主要的粮食蔬菜都是本地产的，你们上午去的李叔家就是咱的一大供应商呢，自产自销成本自然也就不高，再加上咱自己就是食品加工厂，这点福利还是没问题的，所有菜价只取成本价，不仅如此，工厂内一切生活消费都采取这个政策。”

我们半开玩笑地问道：“这么好的待遇，您这里招工要求要多高啊？”

“哪有什么高的要求?!”金经理笑道，“这都是地地道道的农民哩！来给你们介绍一个人。”

金经理说话间把我们一行人带到一个包间，推开门只见里面坐着一位长者，白发红颜，精神矍铄，见我们到来起身相迎，金经理介绍道：“这位就是我刚才给你们说的贵人——咱们村的老书记刘书记。”

怀着崇敬的心情，我们与老书记一一握手后分宾主落座，等待上菜过程中，我们迫不及待地向老书记请教他是如何带领村民创业致富的。

刘书记连忙笑着摆手：“这可不是我一个人的功劳，还是要感谢政府的好政策啊！当年金经理的父亲老金来找我，跟我说要自己办厂子做副食品加工。我也觉得这是个好思路，咱们村多年来收入主要来源就是农业种植，原材料不成问题，加上当时国家产业结构转型，提倡各地区结合本地实际情况发展产业经济，就借钱给老金让他放手去做。”

刘书记喝了口水继续说道：“可惜当时硬件条件差，产品生产出来没有什么知名度，加上村这边交通不便利，东西卖不出去，刚开始的时候一直亏损，看着老金着急我也是发愁。”“那后来呢？”我们问道。

“后来我四处走访，向上级反映问题、困难，回来开会研究讨论各种能够帮上忙的惠民惠农政策，终于功夫不负有心人，给咱厂争取到了补贴政策。首先是降低税收，减少生产成本，最关键的是在灵丘县牵头举办了一次美食节，聚集了县周边各大餐馆老板前来比试。老金也贡献出自己的存货，活动所需食材凡是用咱的通通免费。过硬的产品质量，做出的食物自然好吃，食客们吃得满意，各个餐馆老板也是一致好评。美食节刚一结束，很多老板就来咱这里下订单了，加上政府降税，价格有优势，有的老板直接就签订了长期供货合同。就这样终于把咱自己的产品推广出去了。”

金经理接着刘书记的话说道：“是啊，万事开头难，政府给咱开的这个好头，后面咱要好好干！这不，从那之后订单猛地多了起来，一时间生产还跟不上呢，父亲也从发愁卖不出变成了发愁供不上货。”

听到这大家都笑了起来：“哈哈哈哈……这是幸福的惆怅啊！”

“菜来啦！”服务员推车进来，鸡丝荞麦凉面、凉拌小木耳、酱牛肉、干炒有机花菜、手扒羊肉……四凉四热八个菜，一桌子美食看得大家直咽口水。

“快吃吧！快吃吧！”金经理招呼着，“这一桌子美食用的都是咱村自己种植加工的食材，都是纯天然绿色食品。”

我们大家一边吃一边听金经理继续讲述工厂的发展。

“销量上去了，工厂规模就开始逐渐扩大，涉及的产品种类也逐渐多了起来。为了方便产品运输，村政府出资补贴 50%，把厂区库房到县主干道的路修成了宽阔的柏油路，工厂效益也是一天比一天好，乡亲们看着咱自己村子的厂壮大了，也不再去千里之外打工挣钱，在家门口上班一样挣钱嘛！还真是这样，机械的大量使用，智慧农业的推进解放了农民生产力，现在家门口又办起了这么大规模的食品公司，生产、种植两不误，切实地把劳动的成果留在了农村啊！”

金经理喝了口茶，继续讲道：“后来父亲年纪大了，我毕业就回来接班，也算是子承父业。厂里老一辈的人退休之后，他们的子女也顺理成章地来此工作。大量新鲜血液的流入也促进了工厂的再次改革，为了保证工厂与时俱进，我特意高薪聘请了食品工程、机械工程和金融专业等各领域的高学历人才，结合时下先进的互联网经营模式，把工厂经营模式再次升级，结合咱村里李叔、王叔等几个种植大户，还有张叔的养殖专业户，把村子里各个单打独斗的产业变成了‘种植—养殖—生产—加工—储存—销售’的一条龙经营模式。现在不光是咱一家壮大了起来，整个村子的经济都带起来了。我们这群年轻人凭着这股冲劲，把原来那个食品加工厂进一步做强做大，也就有了现在的惠丰食品有限公司。当然啦，吃水不忘挖井人，为了回馈当年政府对我们的帮助，公司出资把村里主要街道全部升级改造，并且每年都定时举办美食节，免费请大家来品尝！刘书记退休后，我们还高薪聘请他来我们这儿做政策指导顾问呢！”

餐桌上大家有说有笑，吃着自己种的粮食做成的美味佳肴，脸上都洋溢着幸福的笑容。

我们不禁感叹，如今的农民已然不需要再守着自己的一亩三分地了。我们看到了第一个吃螃蟹、敢于创业的老金，以为群众解决困难为己任、全心全意为人民服务的老刘书记，紧随时代发展的脚步、勇于创新的小金经理，村里两代人共同书写了由贫穷到富裕、先富带动后富，最后实现共同富裕的改革变迁伟大篇章。

（本节执笔人：李金娜初稿，陈源泉修改）

进羊圈

下午 2:30，我们按计划去老张家的羊圈看看。

本来每个人都豁出去了，准备好面对粪污堆积、臭气熏天的羊圈，可去了之后却发现现实与我们想象的大相径庭。

老张的羊圈在村外面，老李家的农场附近。老张提前在村口等我们，带着我们到了他的羊圈。我们从外面看去，这个羊圈是一个大大的院子，院墙是栏杆结构，并不高，羊圈看门的大爷看到我们来了，远远地就把大门打开了，亲切打趣道："张总，带着学生参观啦！"

老张惊讶地说："你这不是去度假了吗，怎么回来了？"大爷乐呵呵地说："自从十几年前用上了红外线识别自动控制系统，我这份工作也清闲了很多，过上了城市里朝九晚五的生活，这不，听说有学生过来社会实践，来凑凑热闹……"

看着屋顶上装有太阳能电板，从外面看上去干干净净，队员小李喃喃自语："这完全就是现代化的企业工厂，没想到现在发展这么快！我在阅读有关资料的时候发现，以前的羊圈多数是在村民家里或者村头，用破烂木头支起来，圈舍顶部也是几根木头横着，上面铺着些旧的塑料纸，好点的圈舍上面铺的是石棉瓦，只要不漏雨，多少年风吹日晒，圈舍内夏天苍蝇乱飞，冬天寒冷无比，下雪的时候还经常看到几只羊紧靠在一起，瑟瑟发抖。"

羊圈看门的大爷说："你说的那些啊，是我年轻的时候。现在可不一样了，当时建造这个养殖场的时候，我就是其中的一名建筑工人。以前的羊圈都是每家每户墙旁边搭个棚子，养上几只，好点的养上十几只，现在可不止这些了。当年选择搭建养殖场的时候还请了养殖专业的科技人员专门选址呢。专家们围着我们村转了好几天呢，说要居民区与养殖区严格分开，后来看到这片地面平坦，不仅远离村庄、学校、街道、社区、住宅等人口稠密和活动区域，而且离山也不近，万一发生暴雨灾害或者山体滑坡灾害，也不会受到影响。还有点重要的，我们啊，当时都不能理解，政府科技人员千方百计说服老张要将养殖场建在老李农场的附近，说这是双赢的一种方式，老李当时流转集中了一些土地，是我们村很大的农场了，后来养殖场建成后，老李的农场发展更快了，这些啊，让我们老板给你们讲吧。”

老张微笑地接过话来：“如果养殖业与种植业分离，不仅加大资金投入，还会带来严重的环境污染问题。那些年养殖规模庞大、水平高、效益好的养殖场也有很多，但慢慢就不行了。规模养殖对当地生态环境的影响日趋严重，前些年到了有养殖场的村镇后，无论在街道、机关单位、居民区里，到处能感觉到弥漫在空气中的猪、鸡等畜禽粪便的刺鼻味，外来者往往感觉很不适应。经济效益上去了，环境质量下降了，这是一个经济效益与环境保护不协调、甚至相冲突、‘鱼和熊掌’不能兼得的两难抉择的实例，值得引以为戒。所以当年我们响应政府提出的种养结合模式，发展生态循环农业，积极和种植业合作，羊的饲料除了牧草外，还有低价从老李农场收购的果树残果、卖相不好的蔬菜等这些生产中的残次物及废弃物，羊圈产生的粪便会经过发酵制成沼气，供养殖场和农场的电力补充太阳能供电。经过发酵沼液重新施加到老李的农田和牧草地里，节约资源，保护生态环境。”

老张说完，小李又问道：“那牧草的种植和收获也需要人工投入吧？”

老张接着说：“当时决定在咱们村发展养殖业，还有一点是因为咱们村草地资源丰富，长的都是品质优良的牧草，羊肉的质量也很好。传统养殖中购买饲料比重太多的话，在这部分消耗较大，效益也就不那么明显了。上午你们去老李农场的路上应该也看到了，这个养殖场到远处的山脚都是专业的牧草，有黑麦草、高羊茅、紫花苜蓿等多种牧草，保障了牧草多样性。这些牧草能够快速生长，能二次生长，为羊群提供充足的食物。草地周围安装有摄像探头，牧草生长状况的传感器，密切关注着牧草的生长状况，当这些数据及图像集成在一起，计算出牧草最适合收割时间，便会传导信号给割草机器人，机器人自动收割并剁碎后放入草料储藏室，储藏室内的计算机连着养殖场内部羊群生长情况，计算出满足目前羊群食用量后，剩余的被推进烘干室，制成干草保存，保证羊群过冬的粮食。整个过程几乎都是智能机器人在操作，也不需要投入大量人力，节省了资金投入。来，咱们进去看看！”

羊圈整个采用全封闭式设计，从正门进去是一个通道，旁边有间更衣室。

老张要求我们全部换上统一的工作服和鞋子，换过衣服再往里面是消毒室，进行全身消毒。

走进羊圈内部后发现建造材料并不是传统的砖木结构，而是采用轻钢结构，能够保温降低能耗，节能环保。

老张说：“羊圈的布局是一体化模式的，这样在严寒天气可以保温，也降低了整体建筑和自动化成本，在养殖场中安装有多元化传感器，在不同的季节及羊的生长发育下，何时升温、何时喂食、何时通风供氧这些日常工作的都由传感器接受指令后，自动完成，减少了家畜的发病率和饲料、燃料的浪费。羊圈内部根据羊的实际生长情况，分为各个小羊圈，小羊圈之间分散开来，有利于羊圈的通风、降温。屋顶针对羊群生长需要的采光和通风需求，采用了特殊透光材料和双层通风结构设计。”

我们走进了其中一个小羊圈，看到了羊圈内连接传感器的自动控制的供暖、降温、通风和排污等机械设备，大概有 50 头羊，每头羊都套着脖圈，围着羊群有一圈长长的槽，上面是水槽，下面是食槽。上面的水槽根据水流传感器，自动加水，食槽是传送带式，缓慢移动，会定时自动添加饲草，这样就不用人工来加水加食了，节省了人力。

我们走到羊饲料加工处看到有酒糟、果皮、蔬菜、草浆等混合的液态饲料，原来老张羊圈的食料是液态饲料，和传统干饲料对比，液态饲喂要比干料出栏早、饲料转化率高、肠道吸收好，又能保障羊肉肉质的鲜美。羊群产生的粪便也会采用自动化机械每天定时清扫，保证羊群生长环境的卫生及空气的流通。

我们正在养殖场走着的时候，忽然一阵轻快的音乐传了过来，老张说："这是专门给羊放的音乐，有研究发现合适的音乐播放和适当的运动会提高禽畜肉质，降低禽畜的发病率，我们养殖场会通过计算机网络系统控制音乐播放系统，每天在不同时间播放不同的音乐，并且在特定时间分别打开羊圈栅栏，让羊群进行活动，同时定时抽查体脂率，根据实际情况调整，以达到羊肉的高肉质，降低发病率。"

老张还说："影响养殖业发展的重要因素是禽畜的病死率，之前，禽流感、疯牛病、口蹄疫等疾病肆意传播，大大影响了养殖业的发展。为了减少动物病毒对人类的伤害，养殖场在系统中安装了病毒检测仪来检测动物的健康程度，羊群也都会定期体检，预防羊瘟的发生，及时对羊生长过程中的病症治疗，大大减少了羊的病死率，提高了羊肉及羊毛的品质。”

走过养殖区是一间宽敞的医疗室，里面有各种先进的医疗设备。一个穿着白大褂的工作人员正在拿着一个仪器扫描一个小羊羔，小羊羔的身份证立马出现在屏幕上，工作人员将小羊装进笼子里，脱下手套，请我们坐下。

经介绍这个工作人员是动物医学专业毕业的硕士，现在在养殖场从事羊群的疾病预防和管理，他刚刚将小羊羔的出生年月、性别等基本情况及身体状况传到了远程疫病诊疗室，他说：“个人的能力还是有限的，人类得了不确定的疾病有专家会诊，养殖场请很多兽医，浪费人力、财力，每只羊耳朵上的号码下面都安装有即时疾病诊疗器，远程疫病诊疗室通过采集发病畜禽图像资料及相关数据信息通过互联网传到诊疗平台，兽医专家借助计算机大数据运算和诊疗经验进行诊治，有传染性疾病也能及时发现控制。”

最后我们参观了销售部。销售部内只有几台计算机和两位工作人员，我们在计算机屏幕上看到了羊的身份证信息，感慨科技的发展：现在的羊都有身份证了！

销售人员为我们解开了疑惑，说：“我们养殖场的每一只羊的系统资料里都有出生年月、性别、是否有既往病史等，人们在网上订购的时候可以查看每只羊的基本信息，比如它的饲养员是谁、它的兽医是谁、它打了哪些药、吃了什么饲料，它的健康状况和饮食情况你可以实时跟踪，甚至和它‘结婚’的异性羊的情况你也可以了解到。吃到放心肉是我们的宗旨。近些年来，网上订购 App 还会通过大数据分析出市场供需动态，调整养殖思路，按需配合养殖生产，禽畜的价格稳定，在肉质鲜嫩的时期出栏，肉质有保障。”

参观完了羊圈，我们在回去路上看着路边的牧草，远处的青山，心里感叹着：农民的生活好了，整个社会的生活品质也上去了……

（本节执笔人：李金娜初稿、陈源泉修改）

体验村里的冷链

大家在回村的路上，边走边讨论着农产品运输的问题。无意间看到村边有一家冷库。冷库门口停着几辆封闭的大卡车，车身上“天天鲜冷链物流”的几个字解开了我们的疑惑，原来冷链物流已经渗透到农村了。

跟随工作人员小王，我们有幸进入冷库，参观了现代农村的冷链储藏。

小王带着我们走进冷库说：“现在全国县市都有冷库储藏厂，一些有养殖业和种植业的村庄也有，咱们村就是其中一个。近些年咱们村及周边村的养羊场、养鸡场、水果庄园、种植蔬菜等相关的企业和农业合作社很多，物质生活也得到了极大的丰富,建立冷链储藏仓库不仅可以使外面的生鲜食品运进来,也有利于村里的农产品运出去。冷链运输能保证鲜活农产品的质量,所有的禽畜肉蛋、水果蔬菜都需要在符合国家冷链运输标准下采用冷链储藏保存运输,这样到顾客手中才能最大限度地保持鲜活农产品原有的风味和品质。”

这时,我们在想,根据我们之前学习了解的知识,果蔬采摘后失去原有的营养供给,停止光合作用。反之,呼吸作用和蒸腾作用的生理代谢加强,产生的呼吸热以及采摘后的田间热都会加速果蔬内部水分的蒸发和微生物的繁殖,也会导致果蔬萎蔫腐变,怎么能保证从摘下到冷链储藏厂之间,果蔬保持原有的营养价值和色、香、味等品质呢?

后来,跟着小王我们见到了负责冷库运营的马经理,向马经理说出来心里的疑惑。

马经理点点头,指了指冷库的门说:“大家都以为,将生鲜商品从农场或者屠宰场等地方装到冷库运输车上是冷链操作的第一步,其实不然。冷链运输的第一步也是最重要的一步是预冷,预冷直接影响果蔬后期的储藏与运输的损失率以及货架期果蔬的寿命。”

“那什么能称之为预冷呢?”我们问道。

“预冷就是在果蔬采摘后通过真空预冷的方式,使其快速降温,当达到贮藏温度时,果蔬就可以放置在冷藏库中保鲜冷藏,这样的处理能够降低冷藏库的能耗,更主要的是可以降低果蔬的呼吸速率,使果蔬处于‘休眠’或‘半休眠’的状态,从而使果蔬保持原有的风味和品质。现在果蔬采摘时都采用人工智能了,会计算果蔬成熟时间和采摘时间,提前联系冷藏库,派出车辆,即摘即预冷即进库。”马经理说完推开了冷库的第一道门。

开门后我们看到电子显示屏上写着人工通道,进去之前我们还在想:里面这么低温的环境,工作人员是怎么工作的呢?难道每个人都要穿上保暖衣吗?

但是进去后发现,工作区没有见到一个人,只在人工通道看到两位工作人员来回走动，整个工作区四周用玻璃密封起来，透过玻璃看到工作区内的人工智能机器人有条不紊地进行着挑拣、分装等工序。

马经理说："冷库分为控温、冷藏、冷冻和深冷四大区域。生鲜商品直接从冷链卡车上带着控温设备卸下来进入控温室内，在入库前根据生鲜商品的特点与特性，经过控温室内农药残留快速检测仪、食品安全综合检测仪以及多种抗生素等项目的快速检测卡，以保证入库商品质量。之后，自动化机器人根据不同产品的种类及特性，对商品分类并进行专门温层的存储，整个过程都在机器自动运作下完成。我们现在看到的是冷藏区，冷藏区在0～4℃，主要用于奶制品、水果、蔬菜等生鲜的储藏；里面是冷冻区在－18～－22℃，存放新鲜肉类、鱼类和速冻食品；旁边是－22℃以下的深冷区，区别于传统的简单冷冻保存，更好地保护生鲜食材的优质口感。"

我们随着马经理将整个冷藏室参观了一遍，看着这并不是很大的冷藏室，我疑惑地问马经理："马经理，这个冷藏室总体看着并不大呀，能储藏多少生鲜食品呢？"

马经理笑了笑说："以前冷库建的很大，商品也放得杂乱，冷库都是塞满，可是那样的冷链商品稍有不慎就会出现大量腐坏，损失严重。那时候操作管理复杂、运营成本高、经营风险也很大呀！现在你看这冷藏室，各种生鲜食品分类放置，虽然面积不大，但现在互联网信息交流及时，购买均衡，生鲜食品运送进出及时，不会出现大量生鲜食品堆积的现象。"

队员小张主修的是环境资源方面，就听他问马经理："冷库的运作需要消耗很多电力吧，这会不会造成环境污染和资源消耗过多的问题呢？"

马经理听到后像是陷入了沉思，一会儿抬起头，皱着眉说："确实是，早在 2013 年的时候，中央一号文件对于我国冷链物流行业的发展就给予了高度关注，当时我想着这是个发展的机遇，就投入了全部身家。但是那时候冷库建造还是粗犷式的，很多地方的建造不合理，造成了电力的浪费，确实是一笔很大的开销。另外，冷链运输设备还不完善，一旦出现腐坏的果蔬，整个货车里面的货物都会有不同程度的腐败。并且从冷链运输投入来看，冷藏汽车比普通货运车辆要高出 3 倍左右，冷库的造价成本也比普通仓库的造价成本要高很多，运输车全程还要温度控制，制冷设备耗油带来了直接的成本消耗，冷库一度搞不下去啊。后来，国家相继出台了鼓励政策，总公司就收购了当时的这个冷库，注入高新科技及人才，经过系统需求计算对冷藏室供电，电力主要来自太阳能发电，运输车也不再使用燃油，不仅节约了电力，还减少了对环境的污染。”

“那以前人们经常提的‘最后一公里’怎么解决的呢？”我们继续问。

“为了解决‘最后一公里’问题，确实想了很多方法，现在我们网上订购的生鲜食品的冷链运输都采用无人机送货，机器人根据订单地址结合实际交通情况设定出用时最短的路线，确认收货后，开始下一个订单。”

离开的时候，我们看到卡车在卸货进库，一箱箱的生鲜食品在集装箱似的箱子里，直接被人工智能机器人扫描运输进不同储藏室。

开车的司机说：“我这辆车是专门运输保存在0～4℃的奶制品、水果、蔬菜等生鲜，还有专门冷冻区存放新鲜肉类、鱼类和速冻食品－18～－22℃的运输车以及－22℃以下的深冷区食品的运输车。运输车内放置的控温箱的大小类似集装箱，尺寸、保温材料和规格采用国际统一标准，就算是从国外进口的生鲜食品，在这种保温箱存放，不用打开二次分装，进出仓库时均可以使用物联网技术为依托的智能读写器和接收器，自动识别进出仓产品信息，根据获取的信息进行相应的温度、湿度调节，直接到达超市、菜市场等销售地点，极大地减少了运输过程中损坏的可能。”

说话间，货物已经进库完毕，司机打开手机远程关闭了车门，转过身，又对我们说：“冷链储藏中，电力消耗是一大部分，当年就是由于电力投入过多，导致生鲜食品定价过高，生鲜食品一直发展不起来呀，现在的冷链运输车不仅是采用太阳能电板供电，车内装置温湿度、光照传感器，并将信息数据传输远程服务中心，结合历史数据得出储存该部分产品最理想的温湿度及光照，降低产品损耗。另外，运输车辆上的终端经由移动通信系统与物流企业服务器形成联系，开展信息数据传输接收，物流企业或车队管理人员可实现对 GPS 及相关实时数据的便捷访问，诸如车辆行驶方向、车辆行驶时间、产品装卸情况、驾驶员刹车次数、驾驶员加速次数等信息，为承运人、托运人实时了解产品运输情况提供极大便利，有助于查找到相关责任方，还可及时对冷链车下达有效指令，进而达到降低产品损耗的目的。通过对物流过程中的车内温度进行监控，并结合 GPS 技术对运输车辆进行实时定位监控，实现对物品温度以及运输途中车辆状态的选择跟踪、查询等实时监控功能。利用该系统，可以详细地了解物品在运输过程中是否发生了温度变化以及可能由此引起的质量变化，并及时采取补救措施。在运输过程中，如果温度发生改变，它可以发出预警，并记录下温度、质量、时间的变化，到达目的地后，经签收方签收，终止监控，这样我们这些司机也不用定时定点打开货物检查是否损坏了。”

“那这么晚了，您还回家住吗？”我们问。

“不了，公司给安排的有员工宿舍，每次晚了就住在这里了。现在这村里环境好，空气好，村民的生活也更加多姿多彩，晚上出去溜达溜达，这生活让城里人还羡慕呢……”

（本节执笔人：李金娜初稿、陈源泉修改）

寻觅村里的“星创天地”

这一天，我们小队的部分成员专题调研了村里的“星创天地”，这是 30 多年前国家科技部就已经开始支持的农村创新创业的“天地”。

经过这么多年的发展，目前已经成为乡村最吸引人聚集、最有经济活力和人气的地方。说是“星创天地”，其实，在村里却找不到一个像原来城里的“科技园区”那样的集中场所，而是真的像“星星”一样，由许多创业单位点缀在村里的各个地方……

1. 金融服务驿站

首先，我们找到了一家“上关金融服务驿站”，这是村里一个学金融的大学生回乡创业的模式。这里“集成”了各大商业银行、投资公司等金融机构的乡村金融服务业务，相当于各金融机构的派出机构。业务大厅里聚集着来办事的村民，有咨询的、办卡的、结算的，但像以往一样办理储蓄业务的人不是很多。随着中央金融政策对农业农村扶持力度的加大，农村产业发展“贷款难、贷款贵”的问题，已得到有效解决。以某银行为例，作为上关村金融业的主力军，该行建立健全“金融 + 产业”机制，大力支持农业产业化龙头企业、家庭农场、专合组织和专业大户，率先以基准利率发放贷款，有力地支持了上关农业产业规模持续增长。“去年 5 月，农行主动向我发放贷款 3 万元，我用这些钱改善了鸡舍环境并扩大养殖规模，预计今年利润可达 10 万元。”土鸡养殖大户老张的感激喜悦之情溢于言表。村头农家乐老板小李的产业壮大也得益于该行向他发放了 10 万元的贷款，不仅帮助他渡过了资金短缺的难关，还建起了集餐饮、休闲、住宿、娱乐一体化的农家客栈。目前，农家乐生意火爆。（本节执笔人：王培欣初稿、陈源泉修改）

2. 农产品加工“卫星工厂”

这是我们找到的另外一种商业模式。原来的农产品加工都是由加工企业自己建设，而且基本上都是专门做一种产品居多。这种模式适合于大城市的规模化加工。但如果到了乡村一级，由于各村的产品产量规模较小，专门投资成本太高，经济效益不划算。10年前，来村里社会实践的一名大学生创新了一种模式，他基于村里的各种特色农产品，跟那些农产品加工企业协商，专门在村里为这些企业提供农产品初级加工服务，可以大大节省企业的仓储、收购等成本。同时，在村里就地加工还能提高农产品的加工品质。他这一想法得到了支持，于是，这种“卫星工厂”模式就在上关落地了，同时辐射了周边的几个村庄。（本节执笔人：陈源泉）

3. 上关特产馆

随后，我们在村里又发现了一家专门做农产品的网店。这是村民李大明开的，已经经营了20多年了。我们进去的时候，看见他正在网上跟粉丝互动，直播村里的美景和美食。大明告诉我们，他为了解决村里的好东西卖不出去的难题，帮助“养在深山无人识”的农产品走出“深闺”，在政府的帮助和支持下，他申请了创业资金，开设了网上“上关特产馆”，建起了上关生鲜农业“产地直供”与“产地直发”电商基地，建成了“农村淘宝”运营中心和村级服务站点，拓宽了农产品上行渠道，彻底解决了农副产品销售难的问题。现在土蜂蜜、苦荞面、土鸡蛋、山核桃等以前不大值钱的山货，借着电商的翅膀，摇身一变，成了城里人抢手的宝贝。（本节执笔人：王培欣初稿、陈源泉修改）

4. 农业文创园

这是我们发现的一个很多年轻人“头脑风暴”的地方，专门为村里的农业产业发展出谋划策。当然，这家不是仅仅服务上关村，而是覆盖全国的集团，这里是总部基地而已。我们在里面了解了通过这个地方“孵化”出的目前在上关村实现的几个案例。第一家卖的是农家酒，都是自酿的米酒或水果酒。原汁原味，入口香醇。包装使用的是老板自己做的手工纸，配上村里幼儿园小朋友的绘画作品，让人爱不释手、销量很好。第二家兜售一些小食品，如水果干、黄烧饼、煎饼、苦荞茶等，每到周六日店里都会举办亲子活动，让大人小孩亲自体验灵丘特色食品的制作过程。第三家卖一些创意礼品，带有灵丘特色的小泥塑、剪纸、绘画、定制杯子等，做工十分精致、讨人喜欢。上关村的明信片、吉祥物玩偶、民俗手帕、民建模型也深受消费者喜爱。此外，近年来上关村吸引了国内外很多游客前来，陆续留下了一批批绘画和摄影作品，陈列在小展览中心，这些作品也在不断更新中。（本节执笔人：王培欣初稿、陈源泉修改）

5. VR 乡村游

这是我们发现的一家基于“虚拟现实”技术的

旅游服务公司。专门制作乡村的美景和文化旅游服务，这也是一家已经覆盖全国的公司了。用户在城里的家里，躺在床上，就可以实现“远程旅游”。由于技术都是最新的科技成果，用户是真真切切地如临其境。我们也体验了一把：农家小院、毛草小屋、手推石磨、黄色的大耕牛，结伴归来的羊群……在一片采摘园里，父母亲带着孩子、成年子女带着年迈的双亲、青年男女结伴，他们呼吸着新鲜的空气，欣赏着青山绿水，感受着弥漫在空气中的清甜……近距离观赏农民现场水彩画创作和原汁原味的雁北山歌、品尝现场蒸制的香甜可口的大米饭，现场观看水稻的种植过程……现场我们还观看了一场“罗罗腔”……（本节执笔人：王培欣初稿、陈源泉修改）

6. 实景乡村游

这是一家专门接待外来游客的服务公司。每逢节假日，城里居民会带着一家来到上关村体验当地风土人情，体验田间乐趣，感受大自然的温馨。他们会在村里租下一间温馨的小屋，举家在此度过几天，享受着自然的恬静。可以根据季节和喜好采摘相应的农产品，还可以体验农活儿，让自己的身心得到放松和享受。最具特色的是“农事体验”：城市居民以个人或者家庭的形式租、购一块地，可在地中种植自己喜爱的瓜果蔬菜等经济作物。该地采用有机种植模式，游客定期管理自己的作物，亦可花钱雇当地村民代为管理。当然，为了种好自己的地，多数游客更愿意请当地的村民作为技术指导，帮助他们完成种植任务，游客自己在学习、动手实践的过程中体验务农的快乐。于是，便有专门的农业技术培训班成立了，班里的老师便是村里种植技术高超的村民。“农事体验”的主要目的是让游客体验务农的乐趣，收获一份辛勤劳动后的快乐。（本节执笔人：岳顺念初稿、陈源泉修改）

体验 VR 乡村游

在“星创天地”调研的时候,队员小岳被 VR 乡村游的模式所吸引,于是等其他队员离开了,他独自留在那家旅游门店里详细体验了一回。

店内除了老板之外,主要是引导顾客进行线上旅游体验的机器人“智能小姐姐”在服务。这让小岳很诧异。一位“小姐姐”接待了小岳,介绍了该店的各式产品,包括最主要的旅游 4D 眼镜、身临其境套装和顾客体验室等。

这时,一位德国的游客在参观选购旅游装备的时候不小心撞到了小岳,德国游客礼貌地说了一句:“Tut Mir leid, Entschuldigung, ich meinte es nicht so.”

小岳一时没有回过神,这个时候“智能小姐姐”走过来客气地跟小岳解释道:“这位顾客正在挑选商品,不小心撞到了您,正在跟您道歉呢。刚刚他说的德语是‘对不起，我不是故意的’的意思。”

这时，小岳用中文礼貌回应了一句：“没关系，祝你旅游愉快！”“智能小姐姐”又就小岳的回话跟德国游客进一步解释说明。小岳心里暗自称赞，如今的智能店员好厉害呀，哪国的语言都能应对自如。不禁感叹信息发展迅速，科技不断进步，使国与国之间的交流更加便利了，文化的交流更密切了。

小岳戴上眼镜、披上套服，进入独立体验室，开始了他的VR乡村旅游之行……

1.“记住乡愁”模式

走在村头，映入眼帘的是上关村的牌坊。土墙、砖瓦式建筑仍旧是本村的基本面貌。老奶奶坐在村口等待着放学回家的孙子；老爷爷扛着锄头正从玉米地里走回家；前排的房顶上烟囱在冒着炊烟，指不定是哪位奶奶在家做饭呢；老黄牛在河边大口大口地享用着晚餐，见小岳靠近了它，它的一双眼睛直勾勾地盯着小岳，生怕抢了它的晚宴，警告小岳赶紧离去。村里的房屋总是错落有致，一条条蜿蜒的小路被分割成了无数分支，通往每家每户。小岳径直走向一间土房，脚步有些轻快。眼前有一扇木门，像是挂在墙上一样。门上有一对门神，虽然画像有些破旧，但是门神威武的样子、凶狠狠的眼神叫人增添几分畏惧。推门而入，一位老奶奶步履蹒跚地走了出来，上前二话不说一把拉住小岳，便要小岳在家做客。村里很少有人来，加上老奶奶的儿女都在外打工，孙子孙女已经在县城上学，很少有时间回家看望老人，通常都是老人一个人在家洗衣做饭自己生活，平日里说话的人都没有。这次小岳去了，老奶奶可高兴坏了……与老奶奶交流后，小岳帮老奶奶洗菜、生火、淘米，一阵忙碌后，午饭终于做好了。就这样，小岳体验着村里古朴的农家生活，与村里的老人一同感受乡村生活的自在，体会乡里乡情，感知慢节奏的乡村冷暖。

2. “共享农事”模式

眼前一道白光闪过，小岳来到了一片农场。自己的四周都是被水泥人行道分割成的种植小土块，每一块土地大概有 30 平方米，农场四周是停车场和临时休息区、设备管理区，小岳的手中有一个篮子，里面装着小锄头、镰刀、有机肥和一些土豆种子，他顿时不知所措。经介绍，这里的一片土地已经被上关村纳入了共享土地的旅游规划区，只要花一部分钱在这里购置一块土地，就可以自己管理这块土地了。游客们都在自家的土地中忙活着，种植各种自己喜欢的蔬菜瓜果，他们几乎都是来自附近城市的居民，来体验乡村种植的乐趣，看着有的游客收获满满一篮子蔬菜，脸上露出自豪的表情，小岳也心动了……系统告诉小岳这里就是游客可以体验乡村种植的一种新型种植模式，自己种植的蔬菜瓜果可以自己带回去食用，游客们一般采用的都是有机的种植方式，自己种出来的农产品总是最安全、最放心的。小岳的种植任务就是完成30平方米的土豆种植。系统已经给小岳准备好了现场的种植技术培训，“我们购置的一块地为沙壤地，土地肥力不够，需要提前施用有机肥，考虑到自己带的有机肥不够用，我已经给你推荐了附近的比较实惠的农资店，您可以进店选购。种植土豆时首先检查土豆种子的好坏……”小岳在系统“智能助手”的一步一步地指导下，顺利完成了土豆的种植任务。“智能助手”还强调了好多遍种植管理过程中的相关注意事项。体验完农事活动，小岳一身疲惫，不禁感叹：一粥一饭，当思来之不易；汗滴禾下土，粒粒皆辛苦。

玩了前面两种模式之后，小岳又体验了钓鱼、打猎、人工烧烤、林间秋千、山林探险等休闲娱乐模式。

摘下了旅游眼镜，褪下了体验套服之后，小岳带着满满的幸福感走出这家VR乡村游体验店，临走时还专门订购了一套体验装备，直接邮寄到学校,准备回校后有空继续玩……

（本节执笔人：岳顺念初稿、陈源泉修改）

探访养老庄园

当我们在村里逛完回“睿智之家”的时候,李叔询问了我们都看了哪些地方之后,告诉我们:“你们还有一个地方没去,那个地方很值得去看。”

听完李叔的初步介绍,我们才知道村里竟然还有一个养老庄园。虽然村里的老年人多数愿意住在自己家养老,但也有一些老年人,尤其是子女外出工作的老年人则选择住进养老庄园。同时,养老庄园里还住着许多外地来的老年人,他们看这里的环境十分宜居,养老制度十分完善就搬过来养老。

于是,我们一行几个人决定马上去探访庄园。

我们到了庄园之后,看到这里着实令人十分惊讶,环境优美、设施先进,像是一个社区,占地面积很大。本村以及其他地方来养老的老人全居住在这一个社区里。踏入庄园的大门首先看到的是个大花坛，花坛里种植了许多花儿，十分美艳。花坛周围有几条长凳，有几位老人坐在长凳上聊天。

我们找到了庄园负责人李先生的办公室，向他了解庄园的基本情况。根据李先生的介绍，这个养老庄园是在上关村本来的一片小湖的基础上改造的，养老庄园以这片湖水为中心外扩，建造了公寓、卫生室、餐厅、活动中心、超市、健身中心等场所。之后，李先生带我们逐一参观。

首先参观的是健身中心。可以看到，健身中心是在一片广场上安装了种类齐全的健身器材。李先生介绍道："健身中心可以算作整个养老庄园最热闹的场所了，老人们现在的健康观念很强，每天早晚都会有许多老人来进行锻炼。但是由于现在已经9:00了，温度已经开始上升，老人们都已经去室内活动中心活动了，所以现在这个地方没有什么老人。一般早晚温度比较适宜的时候人会比较多。"

我们使用了一下这些器材,发现其质量还是很不错的。于是向李先生询问:“这些器材安装多久了？如果有损坏怎么办,修理需要的时间很长吗?”

李先生很自豪地挥挥手答道:“不会的,由于老人们很喜欢来健身中心,因此我们比较重视器材的使用情况,每天都会有人检查,一旦发现有损坏情况会及时上报后勤部,后勤部立刻处理,从发现到修好不超过2天!”

接下来参观的是活动中心。“活动中心是现在比较热闹的地方,”李先生说道,“由于现在气温比较高,比较适合室内活动。活动中心与乡村俱乐部类似,分为几个部分,包括合唱部、书法部、乐器部、舞蹈部。大家可以根据自己的兴趣参加。”

队员小兰说:“那这些部分哪个比较受欢迎啊?”

李先生说:“据我所知,书法部相比于其他部更加受欢迎,可能是现在大家文化水平普遍提高的原因？这里的老人们很喜欢一起讨论书法、练习书法。”

下一个参观的是庄园的生活公寓。李先生告诉我们，现在中国的养老模式主要有两种：抱团养老和社区养老。上关村的养老庄园可以看作把两种模式糅合在一起。

“看到这片独栋别墅了没？”李先生指向前方一片整齐的独栋别墅，每座别墅门前还有一个菜园，“这是给那些不想住集体公寓的老人准备的，可以一人单独住，可以几个人住，这可以算是抱团养老，可以是互相认识的老人或者是老同学等一起生活。独栋别墅就像一个家，自由度非常高，老人可以自己做饭，可以自己安排自己的生活，还可以自己种菜和花。”

“那会不会影响其他集体生活的秩序或规则啊？”我们问道。

“不会的，这些养老方式都是老人们自选的，而且选择住独栋别墅的老人身心都比较健康，不会带来很多麻烦。”李先生说。

之后进入了公寓参观，可以说公寓的设施十分人性化，随处可见的扶手，帮助老人行动；每间屋内设有呼救按钮，若有老人生病或身体不舒服，则可按按钮呼救，卫生室马上有人赶去诊治；家电使用是智能化控制，只需简单几个按钮即可解决，电源插头很少，减少了老人触电的危险；卫生则是智能机器人打扫，减少了工作人员的工作量，保证室内的清洁。

下一站则是卫生室，也是养老院比较重要的场所。我们都知道，老人们一般体弱多病，那么卫生室是养老院必要的，除有医生坐诊外，还有自动化身体检查仪，检查结果自动存入个人健康档案中，若有患病风险，则会提醒老人去就诊。患慢性病的老人，若需长期吃药，那么药物会由卫生室的护士专门配送并提供服务。

参观完主要的部分，李先生回办公室处理公务，我们决定随机采访一下居住在这里的老人。看见有一位在湖边散步的奶奶，我们过去跟她聊了一会儿，老奶奶见到我们很高兴。

我们问她："您住在这庄园里多久了？"

老奶奶说："记不太清楚了，大概有 2 年了吧。"

我们继续问她，"您为什么来养老庄园里住啊？儿女在哪住啊？"

奶奶略微低落地答道："我只有一个儿子，他在美国工作，回不来，我有心脏病，家里没人照顾，就来这儿了。"

我们又进一步了解到老奶奶住在公寓里，每天早上起床会去健身器材那里锻炼，吃完早饭后去散散步，再去收拾收拾屋子。午觉醒来去合唱团练习，晚上则会看电视或跟朋友们聊聊天……

告别了老奶奶之后，我们看到上关村的老支书刘书记在林荫下，于是也过去跟他唠了一会儿，请他给我讲讲 30 年前上关村养老的情况。

刘书记沉思一会儿，陷入回忆中，讲道："30 年前，上关村哪有养老这一说呀？老人们过得苦啊，我做村支书那几年发现，贫困户中有一大部分是老人，其中很多是空巢老人和孤寡老人。当时上关村经济发展得不行，咱这的地比较贫瘠，又是山地，技术和机器比较落后，种地挣不了钱，年轻人都出去打工，有些给家里寄钱，有些年轻人打工挣钱不多，只能够自己花，这样的老人只靠政府补贴、最低生活保障和养老保险度日。收入来源就只有政府补贴。”讲到这，老支书十分唏嘘。

“那时候啊，有些老人住的房子还比较破旧，没钱装修，政府出资进行危房改造，但条件还是比较差，有些老人住的还是 20 世纪六七十年代的土房子，卫生条件很差，唉……”说到这，老支书看上去很低落，看来他十分忧心当时的农村养老问题。

我们问：“那上关村的养老庄园是怎么一步步发展到现在这样的呢？”

老支书说：“农村养老是一个很复杂的问题，改善这些，政府出力很大啊，不靠政府是根本做不到的。政府出资建设养老庄园，鼓励没有能力赡养父母的子女将父母送到养老院居住，并对其给予一定入住优惠或者免费入住等，就是一步步地推广，慢慢来的。并号召征集全国各地成立养老服务志愿者队，每年定期无偿到养老院做义工；进行养老护士培训，培养专门照顾老人的工作人员等，慢慢一步一步地进行。”

据了解，上关村养老院的运营靠政府资金支持和入住者缴纳的费用，正式的工作人员不多，许多是志愿者和村里的年轻人，负责陪老人聊天散步等活动。

（本节执笔人：吕梓秦初稿、陈源泉修改）

乡村技能学校

离开养老庄园，在路上我们遇到了一位之前在全国各地奔波打工的村民。她叫李晓梅，30 岁出头，个头不高，扎着高高的马尾，化了淡妆，口红的颜色衬托得她的气色很好。

她见了我们十分激动，说自己从18岁开始就在全国各地闯荡，也结交了来自五湖四海的朋友，她很愿意跟我们分享她的故事。

她带着我们来到了她的家，家里房子不多，只有一个主房和一个配房，住着李晓梅、她的哥哥和她的父母。这一家除了李晓梅的爸爸之外，其他三个人都有着不同程度的身体残疾。家里装饰虽然不豪华，但是十分温馨和整洁。墙上挂着李晓梅亲手绣的十字绣——家和万事兴。

小队成员都夸赞李晓梅手工活了得，李晓梅腼腆地笑了，然后告诉了我们她这么多年奋斗的故事。

李晓梅说自己家里之前一直十分贫困，爸爸一个人承担起了养家的责任。在她18岁的时候，她就因为家庭生计，离开了家去大城市打工。因为身体的原因，她不能做一些东奔西跑的活，只能做一些手工活，所以一直都在鞋厂做工，刚开始去的时候，一年才能赚7 000块钱，她省吃俭用，每年能给家里寄来5 000块钱。

后来随着她的技术越来越好，每年在外赚得也多了起来，家里的条件也越来越好。但是今年因为家里的人身体不好，她只能留在家里干活，没能出去赚钱。

知道晓梅回村了，村主任找到她，想请她在村里当老师。

李晓梅当时就懵了，自己一个小学毕业没有什么文化的人，怎么能给别人当老师呢？所以李晓梅当场就回绝了。

村主任连忙解释，村里新办了一家技能学校，需要有擅长针线活儿的人带着村里的人一起学习，一起制作一些特色的手工艺品，发展特色文化产业。这样既可以赚钱，还不用离家远，又可以发挥自己的特长做一些自己喜欢的事情，何乐而不为呢？

李晓梅听罢，爽快地答应了。然后今年开始，她就在村里的技能学校上班了。

每周工作 5 天，带着村里的女人们刺绣、做鞋、做荷包。李晓梅是个热心肠，手里的活儿十分麻利，做出来的手工品精致还有特色，不久其他村里的人也都慕名而来，请教李晓梅一些技术问题。下班之后，李晓梅可以回家做饭，照顾生病的家人，晚上准备明天上课要用的东西。每天过得很充实，在家比外面究竟还是轻松一些，李晓梅笑着说："回家之后胖了 5 斤了，以后得减减肥了。"

大家对她口中的技能学校十分好奇，与李晓梅约好了时间想去实地参观，一探究竟。大家在李晓梅的介绍下，来到了乡村技能学校，实地体验了一回在乡村技能学校学习。

在工艺品制作培训班，我们见到了李晓梅的"学生"们。她们有高中毕业没有出去上大学的孩子，也有年纪较大一些的老人，也有在农闲时候来学习的阿姨们。

李晓梅说："其实说来惭愧，虽然我是这里的老师，但是其实我从其他人身上也学到了很多知识。

在这里学习，每个人都能是老师，大家都能学到自己想要的，也能教给别人自己擅长的。怎么说呢，既然我们喜欢的这些东西让我们凑一起了，那就做得好一些，我们也都高兴，生活也更充实了。”

接下来我们又去了农机培训班。

在这里不但能学习现在最新的农业机械车辆的驾驶和操作技术，还能学会一些农机的维修技术和护理技术。而且在这边还有专门的地方用来教村民使用计算机，学一些简单的软件操作，可以做到远程控制一些农业机械。村里的年轻人和年长者都参与在这个课程中，年轻人想着在村里就业，不出去工作还能照顾到家里人。

我们紧接着又到了无人机作业培训班，这里有更专业的关于无人机农业作业相关操作的培训课程，经过了培训拿到了合格证，就可以操纵无人机进行田间作业了。很多年轻人都在这里学习，他们对无人机充满了好奇，而且他们听说无人机作业员现在收入不菲，很多年轻人如果学会了这项技术，就可以赚到不少钱。而且不光在本村，在县里的其他地方也可以工作，甚至学会了操作无人机，可以作为顾问去其他还没有引进无人机的地方，教那里的人们使用无人机。

最后，我们终于见到了乡村技能学校的校长，坐下来请他聊聊来上关村办学的初衷。

他说以前农民最缺的就是谋生的技能，传统的农民除了种地，要想有一技之长，多数需要到城里打工之后才有可能。后来随着国家乡村振兴战略的实施，国家出台了许多支持政策，在各地乡村兴办了许多农民培训学校，让农民有了除了农业之外的一技之长。后来，随着现代农业的发展，农业生产经营仅仅依靠传统的经验也不行了。因此，现代农业技术培训也是很重要的一项内容。随着乡村振兴战略的推进，乡村的产业兴旺起来了，农民在家门口就可以实现就业了，许多城里人也到农村来就业了。现在“农民工”这个词已经成为历史了，现在的农业是有奔头的产业，现在的农民是有吸引力的职业，现在的农村是人们安居乐业的美丽家园。

我们从乡村技能学校离开的时候，天色已经黑了。在学校学习的村民也都三三两两离开了学校，有说有笑地向家里走去。老师兄方晨这时不禁感慨：相比起30年前，这里的生活多了很多的生机和活力，这才是乡村振兴的样子啊！

（本节执笔人：程嘉莉初稿、陈源泉修改）

李想工作室

吃过晚饭，我们出来在村里逛街的时候，老师兄方晨带我们去了村里一个叫“李想工作室”的地方。

我们进去后才发现，这里不仅是一个摄影师的创作室，也是一个上关村历史展览馆。墙上可以看到上关村近30年各个阶段的村容村貌、风俗民情、人物肖像等照片。

队员们开始认真地从头观看照片，很快就惊奇地发现，有一张写着“中国农业大学农学院 2018 年赴山西灵丘上关村实践小队”的照片。

“哇，30 多年前我们的师兄师姐们就来过这个地方啊！”队员们不禁感叹。

方晨师兄这时故作神秘地说，“你们再仔细看看，还能发现什么？”

这时，眼尖的队员小杨指着照片上一个瘦瘦的人说：“老师兄，这是当年的你吧？”所有人齐刷刷地看向了方晨，又纷纷挤着凑近去看了看照片。

方晨有点得意洋洋地说，“当年那个帅帅的人就是我啦！”

这个时候，我们听到门口一阵急促的喊声传了进来，“我回来啦，晨晨……”声音未落，我们就看到一位 40 来岁的青年人跑了进来，方晨走上前一下子抱住了这个人……

他们互相“亲密”了良久之后，才告诉我们 30 年前他俩的故事。

原来，这个青年人的名字叫李想，是方晨他们2018年到村里社会实践时候认识的。那个时候他们吃的饭就是李想妈妈帮忙做的。当时李想还是个刚上小学三年级的小孩，整天跟队员们混在一起，每天早上5:00就早早地跑到队员们住的小学宿舍叫醒还在睡梦中的队员。当然了，其中最吸引他的就是队员们带来的相机！一有机会他就抢过来胡乱拍一通，慢慢地也拍出了一些视角不同的好照片。

后来，考大学的时候，李想选择了艺术系，尤其酷爱摄影！大学毕业后，许多同学留在北京闯荡。北京是一个包容性极强的城市，尤其是对艺术从业者来说，它鼓励并包容着各种形式和题材的摄影。但是，李想却选择回家乡了！因为，在他心里，一直放不下的就是家乡，他还记得当年第一次在村里见到城里来的大学生，看到他们对未来乡村的热爱和期盼，当时他就偷偷地在自己小小的心里埋下了一颗种子：将来长大了也要回报家乡！

他回上关之后，在村里建了一间“草堂”，里面有工作间、暗房，专攻乡村题材的摄影。现在，他已经成为当下引人注目的年轻摄影家，在摄影行业里小有名气了。而且，他现在还是中国农业大学农学院的兼职教师，专门教授“农业美学”！

李想告诉我们，这里每天都有新的变化，四季的故乡有看不完的景色。拍照片其实就是在讲故事，讲城里人所怀念、所不知道的乡村故事。他给我们分享了很多他拍摄的照片，有夕阳下的山川、秧苗刚刚泛青的田野、田野里水面映着载货卡车和山的倒影……一张张照片，不仅记录了乡村的美、农业的美，也记录了中国乡村的发展历史，也好像在讲述着悠悠的乡愁！

（本节执笔人：杨佳初稿、陈源泉修改）

外来的乡村创业者

从李想工作室出来，我们又去访问了一位 15 年前来上关村创业的外地人——王强农。他给我们讲述了当年他来创业的背景故事……

他是 2035 届中国农业大学农学专业博士毕业生，那个时候，多数同学毕业后还是选择了在大城市工作，有些进了大学、科研院所从事教学、科研工作。但是，作为一个来自农村的人，王强农还是选择要为农业农村做点事情。

王强农给我们介绍说，经过多年的建设，他毕业的时候，我国农业农村现代化有了很大的进步，完成了乡村振兴战略的第二阶段目标，城乡发展差距大大缩小，甚至在某些地区的城乡界限已经模糊不清了。农村发展日新月异，农业产业规模化、机械化、信息数字化已经普及，社会对农业提出的新要求层出不穷，健康、安全、营养等仍是核心内容，但诸如即食性、高效率、风味性、跨季越区性等新的诉求正悄然改变着国内农业市场……但是，他心里清楚，农业农村全面实现现代化还有很长的路要走。

乡村的振兴正吸引着越来越多的有识之士前来定居生活，共同建设美丽家园。王强农就是这些人中的一员，但他想去的地方不是他的家乡，而是在中国农业大学早已声名显赫的上关村。

因为，那时中国农业大学与灵丘县已经有 17 年的战略合作，以前这里是国家级贫困县，除了绿水青山之外，农业农村整体发展还很落后。经过十几年的乡村振兴战略实施，让这里逐渐脱胎换骨，一条条巨龙般的高速公路驰骋在绵延巍峨的山脉间，隧道、桥梁、高架，曾遥不可及的世纪工程在这 20 年间缓缓耸起，水电气网早已通到千家万户，美丽乡村就如同花园中的一簇簇花丛，娇艳动人，充满生机，城市不再是人人向往的地方。

因为通过创新驱动乡村振兴战略的实施，农业科学技术已经为山区乡村的发展带来巨变。原来贫瘠的土地被建设成高质量标准良田，原来难以防治的病害都已得到有效防治，生态保护和环境的改善使得区域气候明显变好，农业生产防灾减灾等技术体系基本建立，靠天吃饭的历史逐渐得到改变。至于其他，运输、仓储等问题也已经不在话下……

但是，王强农也发现一个很棘手的问题，具有相似种植产业和模式的乡镇之间经常存在恶性竞争，并且这种恶性竞争也蔓延到了县内，这不仅对区域内的市场产生扰乱，也导致经济停滞甚至下滑的局面。这也是王强农当时想要下乡创业的主要目的。他为了解决这个问题已经想出了初步方案，并且已经拿到了风投资金，而他要做的第一件事就是要和政府领导协商以获得支持。

到了灵丘之后，王强农先到了下关乡，看到当年政府楼里的农服中心已经有了农田微气候监测中心、微气候调节中心、农田机械控制中心、农产品加工控制中心、农产品仓储中心和物流信息中心等。

见到了当时的农服中心主任后，王强农向主任提出了自己的方案。他认为当前存在的恶性竞争就来自于利益不共享、信息不开放，这显然有悖于开发共享的发展新理念。如果整合土地资源，有计划种植，合理规划产业，统一机械设施、仓储运输和供销信息，将原有的小范围农业合作社逐步形成一个大区域农业公司，原有的农场管理人员全部成为公司股东，公司股份为集体占多数，其他成分占少数，这样可以增加合作并减少无意义的竞争，有利于资源利用效率最大化，也更有利于所有的百姓合理分享全产业链的利益，最终公司打造一个产品品牌并依托外部企业进行联合销售，产销对接，减少中间环节，以达到利益最大化。

这个方案虽有可行性，但其中困难障碍也不少，农服中心主任思忖片刻，他在想：面对目前这样的一个局面，若不彻底改变，恐怕只会越来越糟糕。因此，主任同意了王强农的方案，在向上级领导请示后便以下关乡为试点进行产业改革。

改革不难就不叫改革了，果然王强农的方案遭到了不少农场主的反对，他们认为这会剥夺他们的土地所有权，限制他们的自主能力，稀释他们的利润空间。

对此，王强农花了半年时间才将他们的疑虑全部打消。半年后，王强农的方案终于步入正轨开始实行了，全乡所有的土地全部整合统一。王强农还利用风投资金，重新测定了各区域土壤的基础地力，按照各区域的土壤和微气候条件重新规划种植方案，所有测定数据也被录入农田机械控制中心以按量施肥；农业机械也按照农田的部署重新安置，王强农还为不同区域作物的特点设计了运输专线，方便了产品收获、仓储和加工，大大提高了农业生产效率。经过一番努力和协商，土地资源和机械设施资源终于布局完毕。接着划分股份也需要花费大量精力，不过王强农早有准备。

分股大会如期举行，当所有农场主及其管理人员都已就座，王强农这才把自己早已拟定好的分股协议介绍给大家。其实这个时候，大家都已经对王强农心悦诚服了，他果断的决策、冷静的思考、和善的为人早已让大家消除疑虑，因此分股协议也就顺理成章地被一致通过了，并且王强农被推选为CEO（公司首席执行官），公司命名为木兰冰公司。

由于对上关村有了感情，王强农还把公司总部设在了上关村。可以说，到此为止，王强农的创业已经成功了，但他还有更远大的目标。

木兰冰公司在王强农的带领下蒸蒸日上，由于减少了竞争，整合了资源，各位村民股东也都各司其职，整个公司呈现出无比强大的生命力和竞争力。此外，公司从生产、加工到包装甚至销售全部自主化并打造出了自己的品牌——木兰牌。这样的公司对周边乡镇的独立小农场无疑是个潜在威胁，如果任由公司发展下去，对周边的小农场将是毁灭性的打击，但是木兰冰公司也不会增加很多利益，这时候也许吞并才是最好的选择。

但是王强农并非如此选择，王强农是一名优秀的共产党员，他清楚社会主义本质是共同富裕，也是民心所向，他也深知贪多必失的道理。作为CEO他亲自前往各个周边乡镇与各乡镇领导沟通磋商，向各大小农场主宣传解惑，他毫不吝啬地把自己成功的经验分享给大家。也向大家明确地提出了公司目前遇到的困境便是土地等资源过小满足不了公司蓬勃发展的需要，他希望大家能够加入进来，做大做强，共享繁荣。

经过王强农的不懈努力，他的宣传呼吁终于起了效果。一位农场主终于抛来橄榄枝要求合作，其他农场看到有人开头了，也慢慢地同意合作了，最终王强农如愿以偿地整合了整个灵丘县的所有农业用地。

去年，王强农作为“十大杰出青年”登上了中央电视台。

“合作共赢才是新时代的主题，农村农业寻求发展也必须谈合作，讲互利，求共赢。”这是王强农在 2049 年公司年会上讲的一句话。

（本节执笔人：刘鹏初稿、陈源泉修改）

第四天：生态宜居

（2050 年 7 月 26 日）

摄影：王琳

早起去登山

早上起来，蓝蓝的天和远处的山清晰可见。队员们决定吃完早饭就上山，去看看上关村的生态环境。

我们出了李叔家门，穿过后面的一条巷道，不远处就看见了之前李叔说的山脚下的“植物过滤景观廊道”。

只见各种水生植物高低有序、错落有致，有泡在水里的狐尾藻、贴着水面的睡莲、站立水中的荷花，也有菖蒲、芦苇、美人蕉等，还有一些人工杂交的狼尾草……从这里流出的水清澈见底，形成弯弯的河道缠绕着村庄的周围，偶尔还能看见鱼儿跃出水面。

我们沿着曲折的木桥跨过了植物过滤景观廊道，在我们面前呈现了几条上山的走道，这些走道有些地方是石头堆砌的台阶，有些地方是由木板架起的。路的两侧还有栏杆，仔细一看，还能看见一些形状与颜色和环境非常协调的路灯。

我们选择一条比较宽的山路往上走，队员小岳却说他自己要走另外一条路。看到他神神秘秘的样子，我们不知道他又要搞什么名堂。但根据这几天的了解，我们知道村里各处都非常安全，也就由他去了。

我们拾级而上，两边的树木郁郁葱葱，主要有松、柏、槐、柳、桦等树种，林木底下也可以看见各种灌木和花草形成了自然的垂直群落结构。在林间道路走着，一路上时不时看到有石头或是木头做的桌椅亭阁，可以供人休息……还时不时地听到鸟儿在歌唱，看到蝴蝶在飞舞、蜜蜂在采蜜，也可以听到淙淙流水的自然声乐……

在一些林木特别茂密的地方，还可以看到从草丛里或是枯木上冒出的各种蘑菇……

队员小吕告诉大家说，昨天她在调研的时候，有村民告诉她，山里长有许多稀有菇类，且质量上乘，现在这些山林的“林权”也确定到每户头上，且肩负严格的保护和管理责任，天然林木不许砍伐。不过村民可以在林下采摘野生的蘑菇，通过村里的网店出售，价格很高。另外，在生态保护的前提下，村里也在一些经济林林下发展林菌复合模式，既能收获品质价优的菇类，又能出售优质林果，增加村民收入。

走着走着，我们在山腰上一些平缓的地方看到核桃、花椒、桃、苹果、杏、梨、枣、山楂、柿子等干鲜果经济林。林边有专门的果园轨道或果园索道，可以供采摘等环节的机械设备上下山。在有些地方我们看到了小吕所说的林菌复合模式，有些地方还可以看到林下养鸡的模式。

小吕接着告诉大家：“昨天调研的时候我得知，现在上关村的经济林，一部分是林下复合种养模式；一部分果树则继续进行品种改良，生长质量上乘的水果，全国发售；一部分作为景区的观赏树林，定期修剪，供游人观赏；一部分较为原始的树木则保护起来，维持生态的稳定。”

到了山顶，空气清新、凉风习习。

山的对面还可以看到天然草地，草地上有零星的羊群在吃草。在这里可以看到上关村的全貌，整个村庄被群山环抱着，像是一个在大自然母亲怀里的婴儿……

这一路上，我们遇到了不少早起到山林里锻炼健身的村民，看到上关村的自然生态保护得非常好，同时也不是完全地把自然与人类隔离开，而是巧妙地利用自然，让人与自然和谐相处。

（本节执笔人：吕梓秦初稿、陈源泉修改）

黑鹳的粉丝

正当我们坐在山顶享受上关美景的时候，之前没有跟我们走同一条上山路的队员小岳兴奋地跑了上来。

看他那样子，是有不少的收获。只见他大喊一声："我竟成了黑鹳的铁杆粉丝啦！"

原来，他走的那条道视野比较开阔，可以看到山谷以及附近的湖泊、水渠、溪流、水塘等自然景观，路上他遇见了一个小型的科普馆，里面主要介绍世界濒危珍禽、国家一级重点保护动物——黑鹳。同时，在科普馆旁边有个观望的平台，他通过望远镜看到了几只在水塘中觅食的黑鹳！

"你们知道吗？"小岳抑制不住兴奋地说，"我通过望远镜看了她们，这些小宝贝，一个个长腿美女啊，小脑袋拖着长长的硬壳嘴唇，口红涂得可鲜艳了，像一位位时髦的贵妇；身披黑色羽翼，纤细的双腿，迈着轻盈的步伐在水池边散步；犀利的双眼总是盯着塘中的小鱼。在晨曦中，她们时而突起双翼，时而收翼发呆，总是密切关注着周围的风吹草动，稍有一点异动便迅速逃离。是的，我迷上了这些高傲的姑娘，我不敢相信，这次竟一见钟情了……"小岳躺在草地上陶醉地说着。

接着他又给大家介绍黑鹳的有关知识。黑鹳，又名老油鹳、捞鱼鹳，鹳形目鹳科鹳属大型涉禽，被中国濒危动物红皮书列为濒危种。因其数量稀少，被称为“鸟中大熊猫”。黑鹳是体态优美，体色鲜明，活动敏捷，性情机警的大型涉禽。成鸟的体长1～1.2米，体重2～3千克；嘴长而粗壮，头、颈、脚均甚长，嘴和脚红色。身上的羽毛除胸腹部为纯白色外，其余都是黑色，在不同角度的光线下，可以映出多种颜色。在高树或岩石上筑大型的巢，飞时头颈伸直。以鱼为主食，也捕食其他小动物。栖息于河流沿岸、沼泽山区溪流附近，有沿用旧巢的习性。繁殖期4～7月，营巢于偏僻和人类干扰少的地方。

灵丘县是黑鹳的家乡。这里地处五台山、恒山、太行山三大山脉交汇处，群峰林立，重峦叠嶂，沟壑纵横，河流萦绕，水资源丰富，唐河、上寨河、冉庄河、独峪河、下关河5条河流贯穿保护区，素有“九分山水一分田”之说。这里是国家级黑鹳自然保护区，保护区内属温带大陆性气候，四季分明。春天绿意盎然、鸟语花香；夏天绿树成荫、虫鸣蛙唱；秋天天朗气清、秋色宜人；冬天银装素裹、万籁俱静。特殊地理环境造就的独特气候将此地冠以“塞外小江南”的美称。历史上这里就是黑鹳主要栖息繁殖越冬地之一，也是黑鹳种群的集中分布区。

早在 2002 年 6 月，山西灵丘黑鹳省级自然保护区就正式建立，保护区总面积 71 592 公顷，为山西省面积较大的自然保护区之一。保护区内物种丰富，野生植物有 48 科 400 多种，其中有水曲柳、核桃楸、青檀、天南星、梓树等国家珍稀濒危植物 10 多种，还分布有多种中药材及野生菌类。鸟类 14 目 37 科 200 余种，其中国家一、二级重点保护鸟类 38 种；兽类 6 目 15 科 40 多种，其中国家一、二级重点保护兽类 6 种；两栖类 1 目 3 科 5 种；爬行类 3 目 6 科 13 种。

因黑鹳对生存环境的极度挑剔，使得世上少有能让它们甘愿成为留鸟的地方。然而，很荣幸的是，随着国家生态环境保护力度的不断加大，黑鹳自然保护区这片引人入胜的区域就受到了这群高贵之客的青睐。

黑鹳高雅端庄、志存高远、生性好洁、尊老爱幼、忠贞不渝的特性令人类为之折服。高雅端庄的身姿彰显着力量、永恒、刚正、神秘、高贵和坚强；黑鹳的飞翔能力惊人，可以在浩瀚的天空中恣意翱翔，似乎在炫耀其志存高远的本性；生性好洁的脾性让它们再夺"鸟中君子"的桂冠；无论是老鹳对幼鹳的悉心呵护，还是幼鹳离巢时对老鹳的无私关怀，都深深表露出黑鹳家族尊老爱幼的传统美德；虽然黑鹳择偶标准较高，需较长时间的情感磨合，但它们对爱情忠贞不渝，一旦结成连理，便雌雄相随，不离不弃。它们与人为邻，和睦相处，在灵丘黑鹳自然保护区这片沃土上生存、繁衍，哺育子女、打闹嬉戏，团结互助、共御严寒。

"看，她优雅的姿态，妩媚动人；远远的，你稍稍靠近，她们便离你而去，可谓只能远观。她们刚毅、忠贞、率直。没有太多的理由，我就这样被圈粉了。”小岳介绍完，还在草地上继续陶醉着……

注：本节关于黑鹳的内容主要参考了许秀等(湖北农业科学，2013)、赵春雨(湿地科学与管理，2012)、陈利红(东北林业大学硕士学位论文，2016)以及360百科(https://baike.so.com/doc/5588069-5800664.html)。

(本节执笔人：岳顺念初稿、陈源泉修改)

乡村道路

队员小程经过这几天的观察，专门写了一篇乡村道路的日志。

坐在小毛开往村里的电动汽车里，车窗外不断变换着的美景真的太吸引眼球了。有时通过狭长的隧道，耳朵里传来车辆在隧道内疾驰产生的微微的轰鸣声。出了隧道车辆又行驶在山间，青山劲松映入眼帘格外养眼。过了会儿车辆又穿越一望无垠的农田，充满生机的玉米在远处像一位位挺拔的士兵，保护着旁边宁静美丽的乡村，远处的人家被薄薄的雾气笼罩着，仿佛世外桃源。不一会儿又见到缓缓流动的小河，与飞速的汽车相比，河水显得更加不慌不忙，向属于自己的归宿流去。

我发现，从灵丘县到上关村的道路和我们在资料里看到的二三十年前的乡村道路有很大的不同。这里不再是以前的那种单车道，汽车、电动车和三轮车都挤在一个车道上。我看到的是双车道，而且划分出了非机动车道，甚至有的路段就连机动车道也比城市里的宽敞不少，很多先进的农业机械车辆可以顺利通过而不会造成道路拥堵。现在的道路路面平整，没有了之前的坑坑洼洼，行驶的车辆也更加有序。

进一步仔细观察，我还发现这个道路是国家刚刚试点建成的乡村智慧道路。路面可以光伏发电，路边也有无线充电桩可为电动车提供充电服务。道路两侧有智能通信系统，这样车辆能够及时准确地采集到本车的位置、速度等信息，还能快速告知路侧设施和邻近的车辆，为驾驶人提供便捷服务和风险预警服务。同时，也可以为管理者提供精准的风险监控、交通流监测分析等。道路上还安装了“乡村公路路况快速检测系统”，主要监测路面平整度、路面破损等道路安全指标，运用了最新的激光照明技术，较原来的路况快速检测系统而言，更能适应乡村道路的检测环境。这一切都是为了保证每位驾驶员安全、高效出行而设计。

到了村里，我发现停车场也设置了许多充电桩。后来小毛告诉我，现在几乎家家都买了新型的电动小汽车和电动小货车，小货车的安全系数比之前的电动三轮车高太多了。而且驾驶这种家用小货车和其他农业作业车辆同样需要考取驾照，考取驾照的规程也变得相对严格。

后来，我又从村主任那里得知了这些年来乡村道路的变化。他说乡村道路变化是从30年前国家提出的建设“四好农村路”开始的。“四好农村路”也是乡村幸福路，通过“四好农村路”的建设，农村公路路网结构得到了明显优化，道路的质量得到了明显提升，道路养护工作也全面加强，真正做到了有路必养。此外，路产路权得到了有效保护，路域环境优美整洁，农村客运和物流服务体系健全完善，城乡交通一体化格局基本形成，适应城乡融合、一体化发展的需求。

我们惊讶于乡村道路和村民生活方式所发生的翻天覆地的变化，也打心眼里为自己能有机会体验现代化乡村这样真实而激动人心的改变感到庆幸！

（本节执笔人：程嘉莉初稿、陈源泉修改）

乡村智慧电网

随着几天的调研生活越来越丰富,我们的收获越来越多。

这一天,队员小徐提出一个问题:“咱们来的这几天,好像没有看到村里的电线杆、电线之类东西,任何地方都有电力满足需求,从没停过电,现在乡村的电力是怎么提供的呢?”

李叔告诉我们要知道这个答案,需要到村委会找专门负责村里能源供应保障与维护的管理员李大能。

于是我们出门往村委会走,一路上还特意观察了一下,确实没有看到电线杆、电线之类的东西。在我们查阅资料的时候,我们了解到以前的农村电力保障是比较差的,遇到用电高峰期或是下雨天就经常停电,而且村里的电线杆和电线经常是凌乱不堪、乱拉乱搭的,村民屋里的电线和插座等也是质量差、老化严重,经常出现用电事故。

到了村委会,我们见到了李大能。他告诉我们:“现在乡村的电网跟城市的条件是一样的,都是标准化的设计。而且为了不影响乡村美丽的生态景观,我们村的所有电线铺设都是通过地下铺设加上地面隐藏设计,有些地方还采用最新的‘无线传输’的高科技。因此,整个电网几乎可以说是隐藏着的,所以你们看不到以前那样的凌乱的电线杆和电线了。”

我们问:那这种隐藏式的设计维护检修起来是不是很麻烦呢?

李大能告诉我们:“首先,现在的电线、变压器等电力设施的质量等级都是非常高的,尤其是乡村地区由于自然环境条件更为复杂,质量要求程度甚至高于城市地区。因此,这些设施埋设隐藏起来,不会经常坏的;其次,现在整个国家的电网智能化程度很高的,根本不需要人工检测检修,哪里出问题,就会自动报警并给出维修方案。我的工作任务就是根据监控系统的警报和方案，进行维护即可。”

我们又问了关于电力持续保障的问题。李大能告诉我们：“现在可跟以前不一样啦，以前国家电力紧张的时候，都是优先保证城市生活和生产需要，现在城乡融合一体化，没有区别对待了。更为重要的是，经过多年的建设，我们国家的能源问题基本得到解决。尤其是可再生能源的利用，在乡村是一个特色，有风能、太阳能、水能、生物质能等。而且这些能源产生的电力都是随时输入国家电网，有效地保证全国人民的生产生活需求……”

在走回去的路上，老师兄方晨给大家讲述了30多年前到村里的第一天的情况。那天他跟随实践小队来上关村，在村主任家的院子里吃第一顿晚饭。

“吃着吃着，一场突如其来的雷阵雨把我们的室外聚餐打断了，慌张的我们如同蚂蚁一般四处躲避，后来转移到室内，但是屋里却是又闷又热啊！”方晨回忆说。

“更为悲剧的是，屋里停电了！电灯一灭，小屋子里愈发显得阴暗，这时村主任的手机响了，他接了一个电话就匆匆忙忙地跑出去，连鞋都顾不上提。后来了解是雷雨导致电线受损，造成村里大面积停电，这种情况在当时是经常会发生的。雷阵雨经常会使质量不达标、老化失修的电线短路，甚至可能引发火灾。”

（本节执笔人：徐忆楠初稿、陈源泉修改）

村里的垃圾去哪里了

来了村里几天了，队员们感受到了村里的产业兴旺给这个 30 年前贫困的小山村带来的经济活力和人气。

与此同时，不仅自然生态保护得非常好，而且生态优势也已经变成了经济效益，真正地做到了“绿水青山就是金山银山”！这几天队员们发现村里的人居环境非常的整洁，印象中农村的“脏乱差”

在这里消失得无影无踪。

方晨老师兄告诉我们，他当年在村里实践的时候，村里的环境还是比较差。首先从视觉上，道路比较破旧，各种垃圾随处可见，在路上走着还经常踩到动物粪便；其次，从嗅觉上，也是比较不爽的，牛、羊等养殖的污水粪便随便排放，生活垃圾随便堆弃，蝇蚊乱飞，村里的味道比较难闻……

但是，这几天，方晨说的这些我们却丝毫没有感觉到，村里的垃圾都去了哪里呢？带着这个问题，我们找到了村主任。经过村主任的介绍，我们终于解开了谜题！

首先是生活垃圾问题，现在国家有严格的垃圾分类标准和要求！而且是从产品生产源头就开始注重后续的垃圾回收。不管是城市还是农村，各种商品的包装物都要严格遵循相应标准，不管是金属还是塑料材质，任何物品都是按照循环回收的途径分门别类去处理，不像以前包装一拆就随意丢弃，并且不同材质按颜色区分，从生产环节就确立区分意识。比如，金属物质是黑色的，塑料是黄色的，垃圾桶也按照颜色区别，老百姓丢东西之前，只要认准颜色即可。不像以前，多数垃圾桶只区分了“可再生”和“不可再生”两种，老百姓根本不清楚到底扔哪里。而且，国家已经建立了完善的垃圾回收体系以及循环利用的产业链条。不仅是包装物，商品本身超过使用期，也不能随意丢弃，都有专门的回收渠道。更为重要的是，国家对于废弃物有严格的立法，而且执法严格。还有一种生活垃圾就是厨余垃圾，同样不能随意丢弃，尤其是不能像以前那样，跟其他的垃圾都扔在一起，垃圾桶经常是臭气熏天的。现在从厨房这个“原始端”就有了严格的处理要求，像我们在李叔家吃第一顿饭看到的那样，所有的有机废弃物最后都循环化利用了。

其次是农业生产及加工废弃物问题。这里面包括了秸秆、畜禽粪便、食品加工副产物等环节都会产生废弃物，经过多年的技术研发与推广应用，现在这些废弃物基本都做到了循环利用，有饲料化、能源化、基质化、肥料化、材料化等利用途径，每个环节都实现了产业化。并且，对于农村地区，通过技术集成，把乡村的生产、生活和生态放在一起考虑，进行一体化设计，实现了区域的循环。各种有机废弃物处理后，各环节循环渠道有效衔接，不会像以前那样经常出现“堵塞”现象，导致循环不起来。比如，厕所粪污变成液态肥或固体堆肥了，但是如何科学施用到地里，就缺乏相应的配套装备，靠人挑到地里显然不现实了。现在，这些问题都已经通过科技力量得到了很好的解决，不仅有技术工艺，也有配套的装备设施。更为重要的是，国家有专门《循环农业法》，各级政府也有专门的财政补贴支持产业发展。发展循环农业已经成为国家生态环境保护和治理的重要手段。这些办法也适用于老百姓的厕所废弃物处理，这个我们也在李叔家体验过了。

方晨师兄告诉我们，其实很多技术在他上学那会儿都已经有了，但是在实际应用过程中出现了技术无法落地的问题，主要还是单项技术如何集成应用的问题没有得到很好解决。更为重要的是，这是一项公益性、基础性的“脏活”，收益差，很多企业都不愿意干，老百姓也不愿意干，现在国家建立起严格的法律法规体系和执法体系，同时也加大了财政支持，才使这项“肮脏”的事业变成了一项美丽的事业！

（本节执笔人：陈源泉）

回乡养老的教授

这几天在上关村，我们时常会碰到一位带着相机走走停停，时常拍拍风景，但是又时常陷入沉思的老人。他穿着干净体面，带着细框眼镜，据说住在村里一栋新修的房子里。

老李告诉我们：“这是一位北京的退休大学教授，很小的时候他就离开了家乡去外地求学，每年待在家的时间也很少，自从父母年纪大生了病接到城里生活之后，他们家再也没有回过这里。去年他突然回来了，修缮好了老房子和庭院，和老伴一起住了进来。老伴听口音是外地人，经常出来买东西，待人都十分友善。教授回来这一年也没有闲着，而是非常热心村里的事情，经常力所能及地帮助大家。”

我们了解了教授的住处后，就去拜访了他。到了教授家，给我们开门的正是教授本人。

听说我们的来意后，他热情地招呼我们进门，我们进了门都被眼前的景象震惊了：庭院里摆着一排画好的风景画，庭院一角摆着画架，地上散落着一些颜料和画具。风景画的技艺不算高超，但是描绘的景色都是当地的自然和人文。庭院里还有一个小花园，教授的夫人正在那里修剪缠绕在月季花上的菟丝子。看到我们来了，起身笑眯眯地跟我们打了招呼，招待我们进厅房坐下，然后走到庭院一头的厨房端来了新鲜的桃子招待我们。

教授拿出一个笔记本来，说自己年纪大了，记不太清每个人的名字，让我们每个人都写下了自己的名字和联系方式方便日后联系。我们问教授为什么选择退休后来到了这里，他先是笑而不语，然后他起身去书房拿了一本书回来。

他问："毛姆的小说，《月亮与六便士》你们都看过吗？"

队员中有几个人的确看过，点了点头。

教授接着说："我不是一个像主人公一样勇敢的人，在我事业最辉煌的时候，我选择继续在大城市发展我的事业。但是你们知道吗，我有时候真的觉得很疲惫。我有开不完的会，经常奔波于各大城市，经常要有一大堆的材料要写。但是我得到了很多人的尊重，得到了很多人所希望拥有的体面的生活。我很感激我的事业，也很感谢一直支持我的家人。"

说到这里，教授停顿了一下，接着说："但是我心里好像有一股力量，有一个声音在召唤我回到我出生和成长的地方,我的故乡。虽然在我小的时候,这里又穷又破。我发誓,我一定要从这里走出去,我要出人头地。所以我一直是班里学习最好的那个,一直是村里人口中的'别人家的孩子'。我终于成功了,我去了北京的大学,学习了当时最火的电子信息专业。大学的几年里我始终很努力。因为家里穷,负担不起学费,我在学习之余还需要打工赚钱,但是即便如此,每当交学费的时候我爸爸还是犯愁。幸好当时政策好,通过助学金和奖学金,我完成了本科学业,还保送读了研究生。读完研究生我又拿到了国家公派留学的资格,去了美国留学,回来之后我选择了留在大学做教师。在北京我真的可以说是衣食无忧了,有能力为我的女儿提供北京小孩所需要的,无论是好的教育资源还是兴趣爱好培训。我也有能力让我的父母过上了好日子,他们不再用旱厕,每天都可以洗澡,冬天也可以用暖气。我曾经一度十分满意,我觉得人生到了这样的地步，真的就无欲无求了，在所有人的眼中，我已经过得很好了不是吗？”

这时小王问：“所以您回来家乡，是为了衣锦还乡这一刻吗？”

教授笑着摇摇头，接着说：“我回到家乡不是为了显摆！在我父母没有去世的时候，他们经常会吵着不在北京住了要回老家种地。我当时特别不能理解他们，难道我所奋斗的一切对于他们来说一点意义都没有吗？我觉得很伤心，甚至和父母吵架。但是 5 年前，他们相继去世，我才理解到归属感对于我的重要性。好像在潜意识里，我还是属于这里的。虽然我人生的三分之二都不在这里，但是童年时形成的一些美好的记忆总是抹不去的。我还记得儿时的清澈见底的小河、郁郁葱葱的树林、鲜美的豆腐，还有可口的苦荞凉粉。这些场景在我父母去世之后，时不时出现在我的梦里。在梦里我还是个孩子，奔跑在石板路上，和小伙伴们打水仗，全身湿透了回家被妈妈骂一顿。每次从梦里醒来我都会流泪。我都快 70 岁了，可我还是那个离家久了就要哭喊着回家找妈妈的孩子啊。”

说到这里，大家的眼眶都泛红了。归属感是故乡存在的最大的意义。无论在哪里，没有归属感的人永远都是孤独的。

教授接着说：“既然没有了爸爸和妈妈，我想家的时候就在想，如果能回到小时候的这条巷子那该多好啊。退休之后，我读到《月亮与六便士》的时候，这本书启发了我。主人公为了追求最纯粹的艺术创造，放弃了自己原本拥有的家庭、工作以及朋友去学画，一个人跑到与世隔绝的小岛完成了他最伟大的艺术创作。我没有这么高的艺术素养，我来到这里，只是为了在有生之年，能用一种我之前没有尝试过的艺术表达方式来更多地记录家乡，安心地总结我之前的生活和工作，让自己的心完全沉静下来。我需要一个这样的地方，所以我来了。”

我们大家看了他的画之后，不约而同地问："哇，所以那些画都是您画的吗？"

教授有点羞涩地点点头，说："是啊，我也是取悦一下自己而已。不过，村里面的许多孩子都喜欢，所以我经常会教孩子们画画……"

这时，小王又问道："教授您难道不会觉得不习惯吗？在离开这么多年后，一定有很多东西变了吧，而且这里的生活方式和城市也很不一样啊。"

教授说："这里和之前的确有了很多不同，但是我来了之后觉得比城里更好了。首先这里的环境越来越好了，不仅是自然环境，人文环境也不错。经过国家这么多年的乡村振兴战略实施，现在乡村有了活力了。其次这里的生活也比之前方便很多，我想要的东西都可以买得到，而且现在物流这么方便，快递真的帮了大忙。村里的街坊邻居，虽然我大都不认识他们了，但是大家都很和气，也帮了我们老两口很多，我真的很感激他们。至于说女儿，她现在还在北京工作，有时周五下班来这里，周日下午回去，都是很方便的事情。你看看我们家，收拾得也算干净，城里该有的家具家电，这里一件都没有落下。房间的内部设施和城市没有什么差别，女儿他们来这里住也照样可以习惯。而且这里还有小院子，打算回头替外孙养只小狗，他央求我很久了，哈哈。”

教授想了想说：“其实来之前还是有担心的，就是医疗保障问题。来了之后发现根本不需要担心。医疗在乡村已经不是问题了，每村都制定了应急医疗预案，每家都配备了家庭医生智能监测仪。”

小王说道：“嗯，这个设备前天我们在李爷爷家见识了。”

我们又问：“那您夫人觉得习惯吗？”

老教授说：“我老伴儿啊，她之前是一个植物分类学家，她一生的爱好就是去不同的地方，认识和发现更多的植物。我们这个山里啊，对她来说是个大宝藏。她比我年轻，身体还好，我们空闲的时候就去爬爬山，看看植物，她倒也乐在其中。而且村里的小孩都可喜欢跟在她屁股后面听她讲各种植物了……”

大家都很佩服教授和他夫人的生活态度和处事方式，不禁也幻想起了自己的退休生活。

（本节执笔人：程嘉莉初稿、陈源泉修改）

第五天：乡风文明

（2050年7月27日）

摄影:杨佳

李想娶媳妇了

这一天，老师兄方晨很神秘地说要带我们去参加一个隆重的活动。我们问他什么活动，他故意卖关子："到了你们就知道了！"

我们跟着他穿过村旁边的一片林地，看到了眼前一块比较空旷的草地上，布置了 7 道彩虹门，左、右各 25 把椅子，侧面桌子上摆放着甜品和酒水……

他终于告诉我们："今天李想要结婚了！"

我们有点埋怨地说："啊，师兄，你怎么不早说啊?! 我们什么都没有准备！"

方晨扭过头来，用有点鄙视的眼神看着我们说："准备啥，钱吗？俗不俗?! 告诉你们，现在的年代，人来了，就是最好的祝福！"

这个时候，我们见到一位大美女走过来，拍了方晨肩膀一下，笑眯眯地看着他，"还记得我吗？"

方晨盯着她一会儿，终于喊了一声："李然……"

这位大美女满意地点点头。

老师兄转过头来给我们介绍，这是李想的姐姐，那会儿他在村里实践的时候天天跟他们姐弟俩混在一起。

这时，李然说："晨哥哥，欢迎欢迎！真是好多年过去了，我们又见面了！我前几天到外地去，昨天刚刚回来，这次李想婚礼，除了家里的长辈亲戚，他可是最先想到您呀！"

方晨对她说："真的很高兴能够参加他的婚礼，他还真是心里惦记我，把我当亲人看待。我看在座的除了个别人我不认得，其余可都是你们叔叔阿姨家的人呢。想想时间过得真快啊！当初我来上关参加社会实践的时候他还是小孩子，一晃都要结婚了，还娶了个外国女孩子，你瞧这婚礼也不像 20 多年前那么烦琐了……"

李然接话道："可不嘛，现在人们的观念都改变了。30 年前那会儿，我妈还愁呢，这李想长大了结婚怎么办啊？家里没个十万八万的，很难找到媳妇啊！以前，定了亲之后，男方都要提着贵重礼品去女方家拜访，经受女方亲人和朋友的考验，男方也要买房子，越是农村的女孩子越是要求结婚时男方要在县城以上级别的地区买房。等到结婚时，要办3天仪式，宴请众多亲朋好友，还要有礼炮、鞭炮，铺张浪费不说，还污染环境。现在大多数人都简化了，邀请上自家亲朋好友，举行一个简单的仪式就好，省去了很多繁杂步骤。”

这个时候，李想手挽着一位美丽的金发姑娘向我们走了过来。

突然，我们队员小徐抱着一束鲜花冲了上来，“新婚快乐！祝福你们……”

我们相互看了看都很诧异，小徐是怎么变出来这束花的（后来才知道，这个小机灵是趁着方晨和李然在说话的时候，偷偷跑到林子外面的野地里现采的）。接受了鲜花和祝福之后，李想引着我们在草地上的一排凳子上坐下，示意我们戴上放在凳子上的眼镜，告诉我们说：“大家戴上之后，就可以看到我们俩的恋爱之旅啦!”

听到这,我们迫不及待地拿起眼镜坐下,有的队员干脆直接坐在或者躺在草地上。

戴上眼镜后我被他们的爱情故事感动着。从青涩到成熟,从田野到都市。国外的经历更是让他们一起成长,甜蜜、争吵、忍让与妥协……我们像是看了一场精美的电影,坐在椅子上望着那片熟悉的绿水青山,不禁感叹时光流逝。

“姐姐,恭喜你呀,李然和李想终于都结婚了,他俩都这么优秀,这回你可以享福了,不过办婚礼也是够你累的了吧?”方晨朝一位向我们走来的面露喜色的女士说。

原来她就是李想的妈妈,昨天跟李然刚刚回来。

“现在累啥累啊,根本不需要我操心。这 30 多年来的变化太大了,之前的婚礼人多、事多,现在是人少、事少,活动简单,重情不重物,亲戚朋友在一起,互相祝福就很好了……”

（本节执笔人:徐忆楠初稿、陈源泉修改）

稻田文化节

这一天，听说上关村一年一度的稻田文化节要召开，我们早早地就去凑凑热闹，也想看看究竟，稻田还能玩出“节”来？！

本次活动是由大同市富康集团旗下的富康农业有限公司全权赞助，大同市人民政府主办，上关村村委会承办，村企业协会协办。

到了现场，我们看见李想也在那里忙乎着搞摄影，也看见星创天地的那几个搞 VR 乡村游的年轻人在那里架设装备，准备搞直播呢。李想告诉我们，这个节日有 30 多年了，已经成为村里的一个传统节日了。现在村里每年的生态旅游能吸引 10 万以上的游客。村集体组织修建（富康投资占比较大）的“外来人口社区”，可以用来接待外来的长短期游客。当然了，也可以住山上的树屋或石屋，或者是田野里的茅草屋，甚至还可以在山地上搭帐篷……

我们了解了一下，这个活动的主题是体验真正的农耕生活，是由 30 多年前的插秧节演变而来的。刚开始是每年的 6 月初举办，活动就是简单的唱歌表演、插秧以及吃吃喝喝，但在当时也是吸引了很多城里人来体验的。后来为了满足更多人的需求，就改在了暑假期间，这样很多放假的学生都能参与进来了。

李想告诉我们，30 年前最初开始有机水稻种植的那 10 亩试验田现在还保留了人工插秧。越来越多的外来游客都喜欢亲自动手体验农事活动，享受插秧的乐趣。除了那 10 亩试验田是手播之外，还有前天我们去参观的老李家那片现代化、规模化的高科技稻田。保留着 10 亩传统的试验田，就是为了留下老祖宗的农业传统文化，从种到收，都是人工的。

"看，还有耕牛呢！不过，别看这简单的 10 亩地，现在还是国家农业农村部正式挂牌的'农业文明传承基地'呢，从事那 10 亩耕地种植的农民可是农业文明文化传承人啊，国家有专门的工资呢！"李想告诉我们。

稻田旁边的一块草地上，搭建了一个舞台，给外来游客表演的节目不仅有传统的歌舞，更是加入了以“农业”为主题的舞台剧、小型话剧和小电影，甚至还有从2020年起就开始编排的小型电视连续剧，每年在文化节这一天都会上演最新一集。更重要的是，可以随时享受上关美食，全是有机食品。

大家边玩边吃，也有在互相交流的。活动现场有很多村里的志愿者，指导游客如何插秧、除草、收获等农事操作，同时也会带他们去老李那里参观现代的农业技术，传播“敬农、重农、爱农”的思想。

当然了，现在各种乡村农业文化节已经形成了一种传统，是城里人的一种生活习惯了。其实，如果纯粹是玩，意义不是很大。最有吸引力的不是节日本身，而是现在村里发展起来的各种产业、产品和美食、美景！

（本节执笔人：徐忆楠初稿、陈源泉修改）

参加一场追思会

这一天，我们听说村里的田地老爷爷去世了，正在举行追思会。为了了解现在农村的乡风民俗，队员们跟着李叔到了一个门口写着“追思居”的庭院。

进去之后，首先进入眼帘的是座一人半高的假山，石峰高低错落，意境立马就出来了。庭院中间是个架着一座白石小桥的池塘，塘中荷花正盛。左右一看，院廊自大门向两边展开，曲折回旋收到耳门后。廊下一排靠着庭而放的雕花扶栏式座椅，黄白菊花矮矮簇在槛外……

“追思居，上关村官方殡葬园，始建于 2035 年 6 月，2050 年 6 月重整完毕……哎，有官方简介呢，大家都来看看。”队员小王发现进门左手边廊下有个说明牌。

大家立马围了过去看个仔细。园区设有追思苑和怀远厅两大部分。追思苑用于葬礼举行、追思逝者等仪式；怀远厅用于骨灰及墓碑安放等。墓穴位总量为 3 000 个。

我们知道，丧葬礼仪是中国传统文化的重要组成部分，中国作为礼仪之邦，历来重视对它的遵守和完善。我国土地虽多，但人口数量庞大，开发一个陵园，等于消耗了一片土地，而墓地却不是可以重复使用的。从长远看来，这种方式是不可持续的。早在 2000 年末，我国 65 岁及以上老年人口比例就已经达到 7%，随着人口老龄化社会的到来，殡葬需求日益增大。在墓地资源也逐渐走向枯竭的情况下，国家及时推行有效的殡葬改革措施，缓解了土地供应压力和过重的群众安葬负担。

2018 年，在国家“乡村振兴”的战略下，包括殡葬在内的乡风文明建设也逐渐变成焦点。之后，政府出台了政策，因地制宜积极推广生态绿色殡葬，鼓励撒散、树葬、花坛葬、深埋等不占地或少占用土地的骨灰处理方式。与此同时，修建专门的纪念楼作为骨灰安放地，鼓励将已土葬和墓葬的逝者免费移入纪念楼，让青山变成真正的青山，而不是坟山，也有效避免火化后再买棺材装骨灰盒土葬的“二次入棺”或是地面上仍留有坟头的现象。

看完追思居简介，队员们看到村民们陆续进来了。大家三五而坐，多面带戚容，轻声交谈，不时向庭院中望去，仿佛在等待什么。

本想找人一问究竟，但哀乐渐起，一队身着黑色丧服的人慢慢走了进来，打头的那个中年男子扶着田大爷的遗照，旁边的人托着一个小白瓷瓶，看上去像是家属托着骨灰盒。

告别仪式开始了，那一队人走过小桥，在耳门前转身排开，村民一一上前，鞠躬或拥抱致意，家属回礼。

整个过程简单但却不失隆重，每一次鞠躬和拥抱，都像是用尽全力表达对逝者的尊重与对生者的安慰，仿佛让人能真切感受到生命的重量。

仪式很快就结束了，没有过多的繁文缛节，扶着田大爷遗照的男子说道：“感谢大家来送别我父亲！诸位亲朋好友，现在播放我父亲一生的影像资料，大家来重温与我父亲在一起的岁月吧！再次感谢大家！”

此时，院子里慢慢暗了下来，星星点点的光从庭院中升起，越发密集最终汇聚成影像。伴随着轻缓的背景音乐，无论坐在哪个方向，都能看到人眼自适应立体投影：有个叫田地的小男孩出生了，伴随着父母欣喜的眼泪；光影跃动，一点点的，婴孩皱巴的小脸长开了，细软的头发密了起来；画面转换，田地小朋友、田地大男孩、田地中青年、田地老伙计的喜怒哀乐在虚空中一一展开，时间轴一一向前。在大家的眼里，田大爷这一生越来越饱满丰富。作为一个普通人，田大爷这一生没有什么轰轰烈烈的大事，但在日常的生活中所记录下来的点点滴滴，让所有认识田大爷的村民们都永远地记住了他，动情处不乏抽泣……

老师兄方晨在回来的路上一直在感叹：现在的一切让人感觉非常地“轻松”！

他告诉我们，以前的农村葬礼，见到的不外乎就是亲朋好友聚在一起吃一顿热闹的酒席，“热闹”是指仪式上大家都哭喊得撕心裂肺。据说有的还请了专门的“哭灵人”，仪式之后的酒席更是觥筹交错，还有在院中搭一舞台，唱歌、跳舞和魔术等表演齐齐上阵。虽然说“向死而生”很重要，但是不管怎么说这种形式对于逝者的追思实在不算诚意。这也和当时的社会环境氛围有一定关系。改革开放以后，人们的生活水平越来越高，往往更加重视金钱和物质需求，但却忽视了自我生命本身的精神内涵。

今天这样的追思方式的确是队员们所意想不到的。丧葬礼仪是中国传统文化的重要组成部分，虽然一度“迷途”，但“知返”也显而易见。现在农村的丧葬方式越来越文明。作为万物生灵，人类到世界上来经历这一遭，精神的丰满往往更能体现生存的价值。虽然形式更加简化，但其内在更为大家所重视，从精神层面和人文层面来追忆和肯定逝者，让死者得到安息，让生者得到安慰。2050年这一场葬礼所体现的进步的乡村人文内涵令队员们备受触动。

（本节执笔人：王琳初稿、陈源泉修改）

参加家庭会议

上关村作为全国文明示范村之一，村里高度注重精神文明创建工作，布置宣传栏、文化墙，提高村民文化素质；深入推进移风易俗工作，以“村规民约”“家风家训”为抓手，增强村民遵守社会公德、家庭美德的自觉性，建设文明家园，促进乡风民风美起来。

这里不仅有优美的环境、完善的设施、便民的服务，还有热情好客的乡亲们，彰显出这个全国文明村的独特魅力。

这几天一路走来，我们参观了村里举办的村规民约故事展览，也看到了每家每户将自己的家风家训挂在门口显眼的位置，作为一种家族的骄傲展示给别人。

今天，听村主任说有一户人家要开每月一次的家庭会议。

“家庭会议？”我们对此非常好奇。

“是啊，每个月，多数家庭都会挑大家都有空的一天，把家里所有人都聚集起来，交流一下最近的工作和生活，有时也聊聊价值观、愿望、不满、计划、问题等。你们要是感兴趣的话，也可以去听听。”村主任向我们介绍道。

我们在村主任的指引下，到了那户人家家里，以旁观者的身份观摩了会议的全过程。

“今天的主题是孩子到底要不要去县里上中学。”户主李峰道。

我们看到一张长方形的桌子摆在屋内正中，椅子和瓜果茶水已经准备好，李峰的父母、媳妇、姐姐、姐夫、女儿、外甥女都坐下了。

这次会议由李峰主持，他说：“孩子小学毕业后该上初中了，但在哪里上这个问题一直没形成统一意见，今天咱们家里人就来讨论讨论，明确之后也好尽快给孩子办入学手续。”

首先发言的是李峰媳妇：“我想让女儿上县里的中学，那教育环境比村里好不少，这对孩子今后发展好。”

爷爷发话了：“一个女孩子，这么小就出去上学，谁来照顾她，她要是不适应县里的学校，又没个同学可以倾诉。”

李峰的姐姐说：“我觉得孩子早点出去看看外面挺好的，女孩子也得历练历练，我都后悔高中才把闺女送去县里读书了，应该更早点的。”

李峰的女儿说：“既然今天是讨论我上学的事，那么我最有发言权了。一方面，我不想离开家里，村里的好朋友也舍不得我，我觉得村里的学校也很好；另一方面，我又想去县里看看，姐姐跟我说县里有好多有意思的人和事，我也好奇县里到底啥样？但是呢，综合来看，我更倾向于在村里继续上学，现在各方面的条件一点也不比城里差。至于说对外面世界的好奇嘛，我可以利用假期出去游学……”

听着他们家里人众说纷纭，我们的思绪早已飘远了。

家庭会议是家庭成员思想上的沟通和交流，大家坐下来心平气和地讲出自己的想法，能够避免家庭矛盾，对家庭和睦很有帮助。定期家庭会议可以使家庭保持正常的节奏和规律运转，而不是等到某个问题发展到顶峰暴露出来才解决。

另外，家庭会议对孩子的成长有很重要的影响。家庭会议可以提升孩子的领导、沟通、语言表达和判断能力，为孩子提供表达自我的平台，充分体现了对子女的尊重，有利于提高孩子参与家庭会议的积极性、增加其参与家庭决策以及与长辈沟通的机会。而且通过家庭会议的方式也可以引导孩子为自己负责，养成独立思考的好习惯；父母也能够了解到许多平时得不到的信息，了解孩子是如何看待事物、解决问题的，从而更有效地培养孩子健康发展。

家庭会议代表了一种民主的观念，也是一种相对正式的仪式。家长和孩子在这种会议中逐渐形成了对家庭、对个人、对对方的责任感和使命感，进而规范自己的言行。

现在家庭会议在乡村非常普遍，村民们都发自内心地去接受，培养了自觉自律意识，共育好习俗，共营好乡风。

正所谓“不积跬步无以至千里，不积小流无以成江海”，家庭是社会的组成部分，每个小家和睦欢乐，全村才能乡风文明，整个社会才能和谐美好。

（本节执笔人：杜海伦初稿、陈源泉修改）

小岳成为“男绣娘”

今天，经常特立独行的队员小岳偷偷跑去村里学绣花！

到了乡村技能学校，小岳走进了负责人说：“听说山西的晋绣属于当地的文化特色，在全国享有盛誉,可以带我去了解一下吗?我想学习学习晋绣。”

“没问题,我马上就带你去咱上关村的晋绣文化学习园。在那儿,你可以学到你想学的晋绣工艺。”

在负责人的带领下,小岳走进了一家名为“晋绣培训园”的地方。进门小岳看到墙壁上挂满了各种晋绣作品。经负责人介绍,这些都是历届学员的毕业作品,凡在这里培训的学员都需要提交最后的刺绣作品,进过专家评定,合格后方可毕业,还颁发毕业证书和技能等级资格书。

近年来已经从这里毕业的学员有1 000多名,包括从事各种工作的人群,只要有时间均可报名学习。从事传统山西晋绣的均为家庭妇女,并无男性涉入。但是,由于男女社会地位在不断发生变化,晋绣文化也在不断向前发展,近年来男人学习刺绣在山西已经不是新鲜事了。负责人还给小岳介绍了山西刺绣的一些相关知识。

晋绣是山西民间刺绣瑰宝,是山西民间流传下来的纯手工技艺艺术品。山西民间刺绣历史悠久,早在周代就有“画绣之工，共其职也”之说。唐代刺绣盛极一时，主要是佛绣。山西刺绣的一个特点是绣法上的推陈出新。唐代以前一直流行锁绣法，后来发明了平针绣，沿用至今。这种绣法因为针法多变化，刺绣者更能发挥创作自由与艺术表现，带来了刺绣发展史上的另一崭新时代。这时的平绣也就是我们晋绣流传至今的最重要的绣法之一。源远流长的山西民间刺绣，其工艺技巧精美。唐代诗人胡令能以七绝诗“日暮堂前花蕊娇，争拈小笔上床描。绣成安向春园里，引得灵莺下柳条”来描绘刺绣的场景，咏颂当时民间刺绣水平。

在山西农村里，人们的日常生活用品和衣帽服装，多以刺绣来装饰，像衣服的领口、袖口、裙边、披肩、帽子、鞋子和被面、枕头、喜帐、寿帐、桌围、椅垫等，都有不同纹样的刺绣图案。山西的民间刺绣，大多都是普通农家妇女之手完成的，这种传统的刺绣技艺往往是通过家传、互相之间的交流而得以延续。女孩子在少年时代就受到家庭的熏陶，开始学刺绣了。随着年龄的增长，绣花在她们的成长中自然成为一项重要的艺术活动。她们在实践中不断积累经验和技能，又在长辈的影响教导下，从模仿进而独立地去创造新的花样，形成了山西刺绣的独特风格。

进入学习园，在工作人员的引导下小岳报名参加了初级学习培训班。每个学员都有一个人工智能学习机，每次进行教学任务，学员都需要登入自己的学号。学习机会根据学员的具体情况科学安排教学任务，学员只需要根据机器“老师”的安排一步一步学习即可。

第一堂课，小岳的“老师”介绍了一种新型的学习刺绣的方法，原来刺绣是一件很寂寞的事，从事刺绣任务的人群都需要高度的平静心态并且需要持之以恒，方可完成一份刺绣作品，为了减少学员们在学习刺绣时的无聊和暴躁的心情，学习园首创了“游戏学习法”，将穿针引线的技法与网络游戏结合起来，学员只需要学会针法的走线与游戏中各个步骤的对应，就可以在边玩游戏的同时完成晋绣针法的学习。随着游戏学习法的不断开发，晋绣的绣娘中有越来越多的男同志加入了。

小岳一边学习着刺绣游戏，旁边就有一幅做工粗糙的刺绣工艺品缓慢生成。这就是小岳今天学习的成果。

小岳看着自己的作品一脸诧异，打完了一场普通游戏的同时竟完成一幅刺绣作品。

原来所有的刺绣工作都是由在小岳控制下的机器完成的，绣娘们不用再受针线之苦，每一位绣娘都可能拥有一双洁白柔嫩的手。

带着自己的第一件作品，小岳满心欢喜，找到老师请他给作品打分。结果最后只得了 60 分的及格分。

见小岳有点伤心，老师解释了评分规则。当见到其他学员优秀的作品后，小岳终于认清了自己的刺绣水平还很初级。也认识到了，原来每一件刺绣都是需要付出巨大心血的，即使是在游戏学习法下完成的，每一针每一步都是有联系的，游戏中的每一步都会影响到刺绣作品的好坏，机械式的跟学并不能绣出完美作品。

如今刺绣工艺商业化的开发已经促进了传统文化事业的传承和发展，让中国优秀的文化事业能够川流不息。

经过老师的一番开导和鼓励，小岳决心认真学习刺绣，成为一名优秀的"男绣娘"。

注：本节关于的晋绣内容主要参考了《发展导报》（晋绣：山西民族艺术的重要品牌 http://epaper.sxrb.com/shtml/fzdb/20171031/645081.shtml）、任霞霞（重庆师范大学硕士学位论文，2016）、央视视频（品晋绣之美 http://tv.cntv.cn/video/C22432/2885afcef1c5408ba5905e106273fb41）……以及360百科（https://baike.so.com/doc/9695225-10041506.html）。

（本节执笔人：岳顺念初稿、陈源泉修改）

看一场社戏

记得到达第一天，李睿叔就提到过山西人民可喜欢戏曲了，他告诉我们，“以前，驼戏箱的骡子一进村，小商小贩随之而到，男女老幼四方云集。这是有着深厚的社会根源的。旧社会，穷乡僻壤，交通闭塞，精神文化生活十分贫乏。戏曲，是他们唯一的文化娱乐，唯一的精神寄托，看戏也成了他们唯一的社交场所。戏台上，唱出了他们对贪官污吏的憎恨，唱出了他们保家卫国的激情，唱出了他们对理想、对爱情的渴望和追求。这也说明了山西的地方戏和人民群众保持着休戚相关的血肉联系”。

“以前是山乡庙会流水板整日不息，村镇戏场梆子腔至晚犹敲。现在可跟以前不一样了！改革开放70年多来，山西省的文化产业走出了一条从无到有的发展之路，成为全国数一数二的文化强省。”说起山西现在优越的文化环境、雄厚的文化实力和丰富的文化成果，李叔别提多自豪了！

“我们省的民营文化企业发展强劲，民间资本也是遍地开花。专业艺术演出团体和民间剧团上百个，高校之间也争相开展文化艺术节、交流会。村民的文化审美都很高，村里对戏曲感兴趣的孩子也报考了戏曲专业，学艺术的娃儿都很吃香咧！”李叔讲得志得意满，队员们听得津津有味。

今天，正好是第 26 届晋剧国际艺术节开幕式在灵丘县举行，队员们都非常激动。因为这个艺术节规格很高，扬名海外，预先 3 个月通过网络投票选出观众最想看的剧团和剧目。很多本地剧团都以能拿到晋艺节的入场券为荣，铆足力气拿出最精彩的剧目，许多外地游客甚至外国游客纷纷被吸引过来，一票难求。

实践小队成员作为特邀嘉宾，在村主任的带领下，提前进入内场，大家跃跃欲试，准备一饱眼福。

晚上 7:00 不到，各大媒体都提前架好机位，全球同步直播马上就开始。

以前的社戏是为了祭祀、祈福，是一种有关宗教和风俗的活动，后来戏艺形式越来越多样化，逐渐演变成文化娱乐表演项目，引发更多人参观，一些盛大的社戏往往会吸引村民专程前往。周边的村民遍邀外地乡亲，备酒备饭，招待看戏。由此带旺了社戏期间的商业相关活动，农村的贸易集市活动，也在庙会期间举行，百货骈集，称为会市。

坐下之后，环顾四周，舞台以及周围的布景是仿古建筑，座位也是像过去看戏的茶馆一样，木桌上按照传统摆放着瓜果茶水。唯一不同的是，每位观众面前都有虚拟显示屏，各桌之间也有隔音设施，彼此谈笑都不会相互影响。虚拟屏上面有制作精良的短片介绍，也可以快速搜索、智能匹配你喜欢听的剧目。小杨正看着“晋剧的前世今生”短片，小吕答完了“测测你最喜欢的晋剧曲目”趣味题目，这时屏幕出现了《喜荣归》，小吕听得兴致勃勃。

小王：“今天开幕式咱们看的是哪出戏啊？”

小程:“你没看 4 月的网络投票结果啊?! 是经典廉政晋剧《打虎记》,32 周年典藏版! 听我小姨说,当年刚出的那会儿可火了! 光在晋中市就巡演了 20 多场。”

小王:“哦哦,我听说过,故事取材于清代榆次赵二姑烈女案的一段真人真事。这个案件最终昭雪冤情、惩贪除恶,还载入正史《清史稿》了呢。”

正说着,舞台上的巨幕徐徐展开……

队员们看得如痴如醉,第一次接触晋剧就被深深吸引住了。小徐甚至打算回去后在课余时间学习晋剧,成为晋剧忠实粉丝。

这一晚的晋剧烙在了每位队员的心里。想起鲁迅爷爷在一百多年前写下的“我实在再没有吃到那夜似的好豆,也不再看到那夜似的好戏了”。

在看戏、吃豆的过程中,看着眼前迷人的风景,回想着上关村的人情淳厚,每个人似乎都回忆起了美丽的家乡、儿时的伙伴、美好的生活。

注：本节参考了以下资料：

[1] https://baike.baidu.com/item/%E7%A4%BE%E6%88%8F/4501 社戏

[2] https://baike.baidu.com/item/%E4%B8%89%E6%99%8B%E6%96%87%E5%8C%96/5411454 山西省文化产业发展现状

[3] http://www.xijucn.com/html/jinju/20180203/90549.html 山西省晋剧院参加2018第五届山西精品年货节演出

[4] http://baijiahao.baidu.com/s?id=1605481907439330326&wfr=spider&for=pc 评新编晋剧《打虎记》

[5] http://www.chnjinju.com/html/news/2018/0713/8473.html 新编廉政晋剧《打虎记》20余场巡演圆满落幕

[6] http://www.chnjinju.com/index.html 山西戏剧网

［7］https：// baike. baidu. com/item/% E5% B1% B1% E8% A5% BF% E6% 88% 8F% E6% 9B% B2/9726361 山西戏曲
［8］https：// baijiahao. baidu. com/s? id = 1568938399198433&wfr = spider&for = pc 创办山西戏剧网的 95 后青年 王嘉

（本节执笔人：杜海伦初稿、陈源泉修改）

第六天：治理有效

（2050年7月28日）

摄影:岳顺念

参加村党支部大会

今天,我们受邀参加上关村党支部大会。会议时间为上午 8:00—10:00,会议地点为上关村党员之家。会议主题如下。

(1)学习党的会议精神。

(2)讨论村级产业发展升级。

我们早早起床,洗漱完毕,吃完早饭就向村里的党员之家走去。

村里的早晨是热闹的,锻炼身体的、早起上班的、公园唠嗑的、嬉戏打闹的……

路上,我们碰到了前几天在养老庄园访谈的老支书,我们请老支书给我们讲讲 30 多年前的有关情况。

老支书给我们回忆:30 多年前,他身兼村里的党支部书记和村委会主任,和村两委干部一天到晚连轴转地工作,“上面千根线、下面一根针”,每天都好像有做不完的事情，经常是工作到深夜，为全村脱贫和乡村振兴努力着，大家那时候斗志昂扬、充满活力，经常为了村里的建设方案争得面红耳赤。为了更加深入群众，走家串户，走过了村里的角角落落，已经不记得穿坏了多少双鞋、流了多少汗、用坏了多少支笔……

老支书在前往党员之家的路上感慨万千，看到现在村里发展得这么好，自己深深地为当初的努力感到满足。正在感慨着，碰到了老伙计老宋，当年的驻村工作队队长，如今退休后，选择回到曾经工作的地方——上关村养老。

老宋告诉我们，这里环境好、大伙相处得又很和谐，并且现在的乡村交通便利、医疗完善、购物方便，所以一退休，他就带着老伴一起来上关村养老了。

到了党员之家，离开会还有15分钟的时间。全村的100多名党员和积极分子陆陆续续地到达开会地点。

看着熙熙攘攘的人群，老支书给我们介绍说，当年他当党支部书记的时候，村里有39名正式党员，因为一部分人在外打工，每次开会，党员的人数都不到一半，现在村里发展得好了，工作的机会多了，年轻人也都慢慢地返回村里，也吸引了一些原本在城市生活的人群来到了上关村。

村里的人群结构也越来越丰富，不再是之前的老人、小孩和妇女的单一构成，也不再是清一色土生土长的上关人，在村里置业、就业、养老的人有好多都是党员，组织关系也落在了村里，大家一起建设美好上关！

会议在上午8:00准时开始，本次党支部大会由现任党支部书记李黎明主持。

会议的第一项议程是学习党的会议精神。李黎明书记首先请各位党员和积极分子戴上4D眼镜，我们也戴上了。只见眼前呈现的画面让我们完全忘记了是在上关村，而是如临其境地坐在人民大会堂，现场聆听国家领导人在人民大会堂作党的会议报告。现场响起热烈的掌声，虽然我们之前在学校也学习过了，但是在上关村，我们再次心潮澎湃，无比自豪！

看完报告后，现场党员纷纷表达自己的学习感想和认识……

我们发现会场有自动的录音设备，每一位党员的发言都会被同步转化成文字记录在电子支部手册，发言结束后，每一位党员在电子支部手册上按了指纹，一份完整的支部活动记录就自动生成了，图文并茂，包括现场的会议照片和每一位党员的发言。生成后，这份记录会自动上传到全国支部手册网，可以在全国所有的支部实现分享，所有的老百姓也都可以看到；同时，这份记录也会同步到每位党员的党员组织生活档案里面。这样方便快捷高效的方式跟我们在学校里面的支部学习是一样的，现在乡村里的各种现代化手段是完全与城市同步的啊！

会议的第二项议程是讨论村级产业发展升级。

首先，村支书李黎明同志向全体党员介绍了上半年村里各项产业的发展情况。说是“介绍”，其实李书记根本不用多说，汇报的内容由直观化的4D投影呈现，关键的数据、图表清晰，具体案例可以看到实景的动态画面，有关的人物发言也像是真人在现场说话一样。大家对上半年村里的产业发展情况有了清晰的了解之后，现场对具体产业的不足以及如何改进、完善或升级提出了各自的建设意见。

李黎明书记最后总结说：“刚才，同志们都做了很好的发言，我们不是领导者，我们每个人都是村里各项产业的实际生产者和获益者。大家回去之后，要在实际的工作中发挥更好的带头作用，团结身边的同志、带领身边的每一位群众，大家拧成一股绳，共同为村里的产业发展升级贡献力量！”

参加完村党支部大会，我们都在感叹村里的党员组织生活比我们学生更加接地气，更加有成效，这是值得我们学习的地方。

这时候，老师兄方晨跟我们回忆说：“这么多年，农村的党建工作确实是有了极大的改变，一方面乡村治理轻松了许多，许多现代的信息化技术得到了广泛的应用；更为重要的是，中央坚持和完善党对‘三农’工作的领导，各级党委和政府对实施乡村振兴战略重大意义的认识大大提高了，真正地把实施乡村振兴战略摆在优先位置，党管农村工作也落到实处。这样才使得我们乡村全面振兴，农业强、农村美、农民富全面实现！”

（本节执笔人：赵影星初稿、陈源泉修改）

村主任的一天

一清早村主任小石就早早地起了床，吃完早餐后开始了新一天的工作。迈出大门，见到乡亲们灿烂的笑容，他心里感觉现在当这个村主任还挺有自豪感和成就感！

村主任告诉我们，以前的村主任真的是不好干啊，“上面千条线，下面一根针”，每天从早到晚忙个不停，各方面条件有限，工作很难推进。那时候村里要技术没技术、要设备没设备，农业生产还处于一种较为原始粗放的状态，靠着种一些卖不出去的小杂粮、老玉米，一年下来挣不了什么钱。村里有想法的年轻人都进了城，村里只剩下一些不愿折腾的老人和在家带孩子的妇女。好在后来灵丘县在国家农业供给侧结构性改革、质量兴农、品牌强农的大背景下搞了一个整体的有机农业园区规划，经过多年的实践与发展，灵丘整个发展势头就全然不一样了，种养加产供销、农工商一体化发展，农业也成为有奔头、有希望的行业。

村里平整连片的土地进行了机械化土地托管，零散无法机械化的地块进行了“农户＋合作社＋公司”运作，农户在获得土地流转费用的同时还可获得在公司打工的收益。合作社和公司的运作给村里的农业发展提供了源源不绝的动力。由于公司规模较大，土地集中连片统一流转，机械化智能化水平大大提升，同时通过内部统筹协调，标准化管理，生产资料和产品统购统销，生产成本和运输成本得到了有效降低。内部多种类的生产调配可以极大地降低公司生产的风险。例如，不同畜禽饲养的周期不同，周期越短（养鸡周期短，大概为40天）风险越大，通过调整公司内部猪（1年一个周期）、牛（3～4年一个周期）、羊（半年一个周期）、肉驴、鸡、鸭的比例和存栏量就可以实现风险的规避，不同作物种类的合理搭配则能够实现气候资源的高效利用进而达到产出的最大化。

一个个养殖场、一栋栋日光温室，在精心的规划下，逐渐在灵丘大地星星点点铺展开来。种养结合，联动一体，使各区域的物质与资源得到了最高效的利用配置。村里的青背山羊、有机林下鸡、有机水稻、有机玉米、有机小杂粮（高粱、谷子、毛豆与其他杂豆）、有机蔬菜、有机核桃、有机水果都是当地有名的特色产品，通过打造产品品牌，发展农超对接、订单农业以及互联网销售，村内的产品再也没有卖不出去的情况。

村里和邻村的农业生产都是和惠丰公司合作的，健康生态的有机产品在外地大受欢迎，公司越办越红火，很多年轻人也纷纷前往惠丰公司谋求发展。有研究作物与动物品种的人才、种植养殖的专业户、植保和动医专业的硕士博士、包装设计与产品营销的研究生、市场行情的分析师、农业信息化的工程师、农机维护的技术员……大家都在惠丰公司的不断发展中看到了自己美好的未来。惠丰在发展的过程中不仅大量引进外部的先进技术设备，也慢慢地建立起了自己的品种库、研发了一些适宜本地的生物技术与新型农机设备，越来越能带动地方经济的发展。

这个奇妙的有机王国不仅吸引着懂农业技术的年轻人，市场营销、工商管理、金融方向的年轻人也对其发展很感兴趣，小石就是其中一员。小石是中国农业大学金融专业毕业的研究生，在读期间他就听闻了灵丘近年来飞快地发展形势，其生态健康的发展方式更令小石向往不已。研究生一毕业，小石通过选调到了上关村工作，后来还通过竞聘被村民投票选为村主任。

上任后，紧密联系公司负责人、合作社负责人和农户成为石主任工作最重要的内容，想方设法为他们解决切实的困难，促进当地经济进一步向好发展一直是石主任努力的方向。

今天，和上关村合作的农业公司老总又找到了石主任，讨论部分地区耕地质量进一步提升的问题，村干部们和公司的主要负责人早早地就来到村里的会议室，由于土壤改良仪器设备价格较为昂贵，石主任还请到了惠丰公司服务涵盖的另外两个村的村干部以及村民代表一同参加这次会议，大家都希望能够尽快让村里的土地质量再上一个台阶。自从测土配方施肥与精准农业普及之后，大面积的平整土地通过测土配方精准改良，土地生产力得到了很大的提高，但一些面积较小的地块一直无法得到很好的改良。最近，和上关村紧密相连的惠丰农业公司了解到了一款最新研发的小型设备,拉到地头后,只需要插入土壤就可以实时检测土壤水分、养分情况,并将信号传递到旁边的肥料车中,同步完成养分传输与土壤改良作业,6 台机器同步作业,一天就可以改良一亩耕地!

一台机器成本接近 5 万元,土壤改良完成之后机器的使用频率很可能会下降。经过讨论,大家一致决定和周边两个村一同购买 12 台土壤改良机,由上级政府补贴 40%,村内集资 10%,公司出资 50%进行购买,购买后由公司统一调度使用、储存保养,完成三个村的零碎土地改良任务。

会议还讨论了部分土地重金属污染治理的问题。惠丰公司经过多年选育,得到了几个较好的重金属富集植物品种。会议中三个村的干部分别定下了各村的品种种植试验区域,通过一年试验来检测各试验地重金属吸附效果,若通过吸附能够将土壤重金属含量降低到安全含量以下便进一步向全省其他区域推广示范。

（本节执笔人：刘杰安初稿、陈源泉修改）

乡建女豪

雨后，路边玉米舒展着枝叶，队员们远远看到，有人支着画板在地头写生。

老师兄方晨笑道："走，咱们去看一看。"

或许是被脚步声惊动，作画者突然回头，眉头微皱、嘴角似动，然而下一秒就呆住了，连画笔都差点拿不稳。

只见方晨一副惊喜交加的神情，"是你吗？傅……安然。"

"是的，咱们得有30年没见了吧？"傅安然跳了起来。

"算一算，自从2018年上关村那次社会实践结束，已经不止30年了。"方晨唏嘘不已……

老师兄这时又给我们小队讲起了当年的故事。

那时候，傅安然还是一个六年级小朋友。在小队组织的支教活动结束后，小队成员和孩子们聊天，问他们未来的梦想。孩子们有的说自己要当科学家，有的说自己要当军人，还有的说自己要当老师。

轮到傅安然的时候，她说："我以后也要考中国农业大学，哥哥姐姐们的专业，成为像你们一样的人。"

当时我们就感动于安然对我们的肯定，鼓励她好好学习，但也觉得这未必是她今后的选择，毕竟农业在很多人看来是一门辛苦多、回报少的行业。对于安然来说，作为一个地地道道的农村娃娃，打从出生她被给予的厚望是"鲤鱼跃农门"。同时我们通过调研了解到，安然成绩很好，家里人多半还是希望她今后能有出息，留在城市发展。

经过了解，我们知道了安然还是坚定地通过高考走出了农村。不过和家里人期望相反，安然执意报了中国农业大学乡村振兴专业。

大学毕业后，她投入到了乡村振兴的大军中，成为一名驻村社工，回到了上关村，与老人、妇女、儿童为伴。在这个熟悉的环境中，她进一步加深了与大家的联系与交流，用自己的努力激发、培植起村庄内生动力，一种良好的自治氛围渐渐被唤醒。

"不理解是正常的，理解了才奇怪。我早在应聘之前，就参加了很多相关的培养计划，想着用工作打消家人和村民的顾虑。我要向他们证明，这个工作的意义所在，我们的家乡上关村会越来越好。"当我们问起她当时回村里村民是否理解，安然这样回答。

她说自己是一个挖掘者、陪伴者和回归者。

"作为一个挖掘者，我的主要工作是社区营造。所谓社区营造，就是要通过走访踩点对村庄资源进行整合，组织大家共同绘制村庄资源图，让村民重新认识故乡，重新定义故乡文化价值，重建村民文化自信。"安然说。

虽然从小生活在这片土地上，但是深究起来其实也并未彻底了解。安然系统整理了上关村的古迹、古树、民歌、谚语等，还带着山里的娃娃们组成了摄影队，拍摄了“走，带你进山找野果子长知识”“认识大山里面的老农具”等有意思的视频，并上传到网上。这么一整理，村民们发现自己存的“好货”还不少，无形之中，也形成了自信与传承的氛围。

作为一个陪伴者，安然日常带领村里的妇女们开发更多的广场舞类型，重要节假日的时候组织一场晚会，在村里新建的戏台上为大家带来一台好戏，家家户户出动，热闹又喜庆。除此之外，还发动邻居们开展“夸夸我的好邻居”活动，挖掘身边的好人好事，当一个个好邻居的名字张贴到了村委会，村里的好人好事被挖掘出来了，正能量得到了彰显。

此外，安然认为，孩子是乡村的未来。因此，她还开展了自然课堂、乡音课堂、环保课堂等“我的村庄我的乡”系列乡土课堂活动，引导儿童重新认识家乡，学习地方文化，树立良好的生活习惯，通过实际行动践行孝亲敬老的文化传统。

要说最新奇的，安然认为还是“一公斤盒子”的创意公益项目。通过清洁测量、体重测量、身高测量、视力测量，唤醒每个孩子对自己与身边人的健康状况的关注，从而养成良好的健康卫生习惯。

“那时候我们嘴里虽然是鼓励的，但是打从心里可没觉得安然会真的考农大、回村里！毕竟在当时多数年轻人还是向往大城市的！”方晨感慨道。

安然坦言：“我从小接受的教育就是要好好学习，到城里去，到不用种地的地方去。甚至曾经为自己是农村的孩子而自卑过。但是，是你们的到来为我带来了一份希望、打开了一扇大门、编织了一种未来。你们可以从城里来，为了让村里更加美好而努力，如果大家都想着离开，这里怎么会变得更好呢？事实上，这里本身就特别美好，只不过美丽暂时蒙上了一层纱，我想做的，就是为揭开这层纱贡献一点力量。”

安然还给我们讲，她念大学的时候，见识到了城市里的灯红酒绿和繁华似锦，也新鲜过。但是最终她发现，对于她来说，老家的炕、逮蚂蚱喂猫之类的小事，才是心中最向往的岁月静好。这种平静和温和，是极其质朴而充满力量的。

“从心理上走回了乡村，做一个回归者。到了毕业的时候，已经没什么能撼动我的决心了。有个声音在遥遥呼唤着我，说着回家吧，回来吧！”安然说。

往事历历在目，方晨说：“我们是在党的十九大号召之下，积极投身到社会实践中，希望能为乡村振兴贡献一份力量，当时不觉得自己做了什么大事，甚至还麻烦了不少村里的干部和村民们。但是现在看来，哪怕是一粒小小的种子，也有机会生根发芽，长成参天大树。不过安然可是比我们大多数人都棒，乡村振兴可不是靠我们当时那种昙花一现的社会实践，真正要从物质建设到文化建设，都离不开一批坚持的人的努力，尤其是年轻一代，需要不断努力潜移默化地改造乡村，从源头上重建文化自信。”

“努力一向会有回报，何况这些最亲近、最质朴、最可爱的人，看着村里越来越好，大家越来越信赖依赖我这个年轻的毛丫头。我可以带着我的亲人们一起奔向更美好的未来，一想到这个，就干劲十足。不过笑话也是闹出了不少。”

安然想起了许多有趣往事，笑着眯眼告诉我们：“记得2030年的时候，恰逢有机水稻合作社和枸杞种植合作社合并前夕，本来已经是板上钉钉要打造上关特色农业产业品牌的时候，突然有一户村民不干了，非要嚷嚷着退出合作社，那哪行！我就天天跑过去在他们家磨耳朵，一天天的。说白了就是老两口不愿意富贵险中求，再加上成年的儿子也需要结婚了，礼钱至少也是要备着的，就想着稳妥起见要不就先退社了吧，所以谨慎得很。我一看怎么都拧不过二老，情急之下，我竟然说：不然您看我当儿媳妇怎么样？我不收礼钱！”

“当时二老就乐了，大概是第一次见到这么王婆卖瓜自卖自夸的，或许是被我的真诚所打动，很快还是同意了。合作社合并以后发展得很好，村民每年也能得到相当可观的一笔收入，二老还专程来向我这个'儿媳妇'道谢，哈哈……"

"啧啧，可没想到小时候害羞的然然长大了这么豪爽，女中豪杰啊！"方晨讲完，哄堂大笑。

安然还给我们讲了许多。无论是发展乡村农业与经济、完善乡村设施与制度，还是保护环境与卫生、改革乡村教育与习俗，从一开始的不被理解和看好，到最后获得村民的信任支持，从那段岁月走过来的她随口就能说出一段段趣闻轶事。

"生长在土地上的人，血脉中就像有了土地的烙印。"初返上关的安然曾经说过这样的话，"我要今后每个村里人都能挺直腰板，为自己是农村人而自豪！"

现在的安然说："到如今，上关村的村民大多数的文化水平都是本科及以上的，大家明是非、除陋习、重和谐。最关键的是，能留住人才了，从源头上的文化振兴带来的文化自信，让乡村不再有低城市一等的感觉，后面的路会越走越好。"队员们也都赞同不已。

在历史洪流下，大家相遇相知。如今回首，每个人的际遇虽不同，但是或多或少为2050年美丽和谐的乡村贡献了自己的力量，尤其是那些扎根在土地上的乡建者，他们源源不断地输入与整合，令乡村文明更加焕发活力。

挥别了安然，我们对今后的乡村发展更是充满了期待。

注：本节部分情节参考了重庆市巴山坪上社区营造社工傅同学真实经历。

（本节执笔人：王琳初稿、陈源泉修改）

村里的警务员

是夜，星光灿烂，夏风微醺，队员们安步当车回住所。

突然队员们听到前方一阵热闹，过去一看，原来是有个陌生人被一只小黄狗电晕了！小黄狗其实是一只以假乱真的智能机械警犬。

附近村民很快围了过来，不久救护车和警车也都赶来了，唯一到场的一位警官自我介绍姓杨。

经过了解，我们才知道，这个晕倒的人是外来的，这几天在村里鬼鬼祟祟的，早被小黄狗盯上了，今天晚上看见这个人打算偷村里一家店铺的东西，小黄狗就不客气地出招电晕了他。

杨警官笑着告诉我们："从这个人进村第一天起，我们的警务员铛铛就开始暗中观察啦！铛铛是一名神通广大的警务员！自带全方位立体检测的摄像头、红外探测仪和智能人脸识别技术，可以实时监测无遮挡物 500 米之内的影像，以及方圆 2 公里之内的生物存在及移动情况，并且与国家公共安全网互联，后台拥有强大的信息公共安全大数据，对是否存在异常情况进行识别判断。自从这个人突然出现在村里开始，铛铛毫不费力就锁定了他的面孔，标记为【人口来源：外来；危险系数：待定；观察频率：中等】。这几天这个人在村里的一切行踪都被铛铛掌握。今天晚上这个人出手了，我们也及时出手了，有效地预防了犯罪。”

“我们的铛铛，自去年正式上岗以来，可是立了好些功劳了。虽然现在村里治安情况很好，基本不存在违法乱罪现象。但是它还有一项特殊的功能，对于意外情况有急救报警功能，上个月及时发现了小吕家8岁的小儿子不小心溺水了，由于它的及时发现，这才没酿成大祸。”

杨警官不无自豪地说道：“这小子，可比我还能干，哈哈哈！”

围观的村民也纷纷笑起来，有人打趣道：“可不，咱人的脑子哪比得上智能机器狗的CPU，我说这句大实话，您可别生气！”紧接着又说道，“不过，您这运筹帷幄、把控大局可才是关键之处，毕竟您是‘群狗之主’！您说是不嘞？”

“怎么这话听着像‘王八之王’？李二庆你可别

和我打哑谜扯虚的！当我听不出来？”杨警官佯怒，却并不吓人，反而显得逗趣。

“哈哈哈……”笑声瞬间此起彼伏，队员们也忍俊不禁。

方晨这个时候思绪又飘远了，他告诉我们以前看过的一份资料《2018年中国乡村警务现状及问题》。首先就是乡村的地理环境开放性比较强，一般来说地域开阔，人口相对稀少，村落居民居住分散、道路四通八达，原先自然形成的治安防控体系多以不计报酬的群防群治传统模式为主。其次，随着农村改革发展的不断深入，农村地区的社会治安形势出现了许多新情况、新问题，给当时农村工作带来了新任务、新挑战。比如说，乡村青壮年劳动力大量外出务工，城镇化大潮席卷乡村，村庄“空心化”、老人“空巢化”、儿童“留守化”现象突出。农村的微薄警力也难以应付农村安全防范工作，农村村民自我防范与官方治安联防能力都在不断削弱，那些心怀歹念的人在唯余妇孺的空虚村庄，如入无人之境，宁静和谐的乡村成了被安全遗忘的角落。除了外在的不安全因素，村民自己有时候也是事故的源头。具体来说，乡村人员还存在着成员之间交往密切、文化程度普遍低于城市人群、自我应付矛盾的能力较差等特点，导致内部矛盾时有产生，甚至不断激化，酿成严重后果。例如，因经济债务、家庭感情纠葛、邻里利益分配和日常琐事发生口角，甚至大打出手。再加上，因为农村生产和人员流动的季节性，农村发案存在着一定的时间与人力盲区。例如，冬天户外活动少，农村地区无公共活动场所，易发生夜间偷盗羊、狗、厨房财物案件以及盗割电线案件等。但是在社会转型的大背景下，大量的农村青年都外出务工，老弱妇孺比例很高，这对于原本就已经非常薄弱的基层群防群治工作来说更是雪上加霜。

看到眼前的此情此景，方晨忍不住问道："杨警官，村里就您一个人负责警务？安全吗？"

"要在30年前，别说一个人了，10个人也不太够，关键是那时候上关村压根儿没有巡警，主要原因是人力、财力缺乏，政府心有余而力不足。虽然上关民风淳朴，和谐安全，但是村里老弱妇孺比例太高，也总是怕有啥万一。”杨警官笑着说道，“好在人工智能研发行业蓬勃发展，在国家大力支持下，机器人应用产业发展也越来越好，并且很快就从城里走进乡村。截至 2035 年，各种类型的机器人已经应用于超过 80% 的行业，包括警务安全这块。这么一回想，我是在 10 年前，村里第一次引入了国产巡逻机器人后调任到上关村的。那时候啊，还花了不少工夫研究学习如何建立自己的天网系统以及和国家安全大网络系统接洽。闹出了不少笑话，我想想都有啥来着……”

围观的村民见缝插针补充道：“比如设置巡逻路线出问题了，结果机器人走着走着掉到河里去了，还好，机器人自带防水系统，轻微修理就好了，哈哈哈……”

杨警官憨笑着继续说：“从巡逻机器人引入以

后，一下子就安心了不少，再加上不断在升级换代，到去年新引入了第三代巡逻机器人，就是铛铛。我的小助手们可是很给力的！毕竟除了地面巡逻机器人，还有无人机定时低空巡逻。不同的信息收集源将信息汇总到天网中，咱们密密的安全网也就形成了。”

“可是绝大部分用人工智能的话，始终会限制于电力、网络、耗损等，最关键的是，如何防止被心怀不轨的人破坏，然后趁虚而入呢？”有队员提出了新的问题。

“当然啦，这些问题都是真实存在的，上关村不是‘第一个吃螃蟹的’村，在全国各地的乡村多方探索以后，摸索出来了一套通用的一村一警多巡制度。即每个村子按照自己的地形、大小、人口、治安等实际情况建立相应合理的巡逻网，安排能够让多个地面巡逻员、无人机定期休检的巡逻方案，由一个警务专员统筹全局，在后台端负责分析整体情况。一旦有工作中的巡逻员出现意外情况，其自身携带的黑盒子设备会不断发出信号，便于通知和定位。后台收到信号后，全村会立马进入警戒状态，警务专员安排巡逻员集体出动，找到出现问题的地方，查看是否人为导致。同时村中居民也会收到相应的警告信号，有助于大家提高警惕性，最大程度预防犯罪现象。不止上关村，现在大多数乡村都是一村一警。最大化利用科技、解放人力达到科学有效治理的目的。”杨警官耐心地为大家一一解释道。

“这么一看，这几十年，乡村警务安全面貌变化还真是翻天覆地！”听到这里，队员们感慨万千。

方晨回想起 2018 年，大家在上关村实践的时候，夜间都不敢出门或者至少要成群结伴而行，对于乡村犯罪网上也常有报道，如今的乡村，令人安全感爆棚。

（本节执笔人：王琳初稿、陈源泉修改）

专访乡信息所所长

这一天，队员小刘带了3个人到上关村隶属的下关乡，拜访了下关乡信息所张所长。

距离信息所越来越近，一栋三层的玻璃建筑逐渐显露在了我们面前，在阳光下光华流转、晶莹剔透。

到达信息所大门，办事员小李早已在门口迎接了，小李热情地将大家引到大门前，让大家将最新的第五代身份证一一在墙上的识别器刷了一下，完成了来访个人信息录入，通过面部识别与录入信息比对顺利进入了信息所大门。

小李告诉大家，这是一套最新的个人信息录入查验系统，已经在全国重要的单位统一布置，未来将进一步向社会推广。识别器可以将第五代身份证的个人信息全部录入到系统中，包括姓名、身份证号码、年龄、身高体重、三维人像、指纹信息、信用记录、犯罪记录、手机号码等,同时还将记录下来访者的来访时间,让来访者勾选填写来访目的并通过定位手机位置记录下来访者在楼道内的移动轨迹,所有信息都实时向信息总部上传,这套系统可以保证整个信息所安全有序运转,个人信息存在安全隐患的来访者将会被系统标红并密切观察,风险较大的来访者将会不被允许进入信息所。除了安全性,这套系统还将更高效智慧地服务来访者,整个信息所通过万物互联促进办事效率的提升。

在我们步入大门的那一刻起,来访者的主要信息便推送到了张所长的电脑上,整个大楼的空调灯光都自动根据来访人数与人们在楼道中的行进速度进行了变动调整,多部电梯也根据来访目的与人数自动降落至了一层开门迎接。会议室的茶水已经自动沏好,信息所大楼仿佛成为了一个有生命的建筑,它能够感受到来客并通过自身的一系列调整来表示对他们的欢迎,在来访者离开后又自动恢复到更加节能的模式并开始自我维护与升级。

到达会议室，我们见到了等待大家的张所长。落座后，张所长开始向大家详细介绍信息所的情况与基本功能，张所长向大家介绍道，大家刚刚入门见到的仅仅是信息所的冰山一角，信息所在当下城乡生产生活管理决策方面发挥着极其重要的作用。信息所汇集了高分遥感信息、气象局分析得出的气象信息、每时每刻的地面交通摄像信息、每季度与每年的统计信息、每分每秒的通信新闻信息等一系列与人民生产生活息息相关的信息。

实时的北斗导航信息与高分遥感数据可以确定每一个人、每一辆无人驾驶汽车的位置，每一辆车之间保证了合适的安全距离，路网上的车队速度得到了最优配置，没有了猛踩油门或刹车的路面，减少了大量的石油能源与电能的消耗。同时，系统可以为无人汽车自动规划最优路线、为行人推荐最优路线，可以为乘客派遣最近的无人汽车，促进社会行为的高效安全运行，减少在运输过程中的无效时间损耗。

各时段的统计数据可以在软件中自动更新为最新的分析图像，并将原来的数据图像文件存入数据库，便于各级领导制定决策。高分遥感信息的运用可以让农业生产知天而作，在农业防灾减灾、促进产量品质提高与资源高效利用方面大显神威。实时的遥感数据可以准确地确定农事生产时间，在最适宜的时间完成耕地、播种、收获，达到最优的农事管理。同时还可以及时预报低温高温危害、病虫害的可能区域与面积，便于技术人员及时采取应对措施以减少作物产量损失。

在村内的防灾减灾方面，遥感技术也发挥着极其重要的作用。信息中心与消防部门信息即时互联，通过计算机监测实时遥感影像可以及时识别火灾信息，向距离起火发生地最近的消防员发出警报，并同时向其传输起火现场的照片、地理位置等信息，让起火点能够在第一时间得到控制和扑灭，将经济损失降低到最低。

同样，信息中心与安保部门也是信息即时互

联，通过智能识别街头的摄像头、网上公开的视频中的人脸与对应的地理位置，确定每一个村内人员的实时位置与个人信息，包括以往的信用情况与犯罪记录，风险较高的人群将受到安保部门的重点关注。

（本节执笔人：刘杰安初稿、陈源泉修改）

第七天:回城路上

(2050年7月29日)

有机循环农场半日游

在上关村里呆了6天，我们还有种意犹未尽的感觉，这里需要学习的地方太多了，好多地方都只是蜻蜓点水式的了解，还需要我们在未来的学习中进一步加强。我们今天就要离开村里了，可是大家心里都是依依不舍的。

按照计划，我们在回程的路上，还要到灵丘县城附近的有机旱作农业产业园区去参观一下学院的有机循环农场。那是一个已有30年历史的产、学、研一体化的综合示范园。

为了更全面地了解示范园，队长赵星联系园区管理员吉米来带领小队成员进行参观。吉米30年前也曾经是来灵丘进行暑期社会实践的同学。当年她还只是农大的一名研究生，因为被灵丘独特的地势和自然环境所吸引，毕业后恰逢学校与灵丘进行全面合作，她就申请加入了这个示范园的建设中来。

赵星带领小队成员来到园区门口集合。首先进入到示范区的主监控室，监控室主要是监控整个农场的动态。

在中心大屏幕上，整个农场的全貌展现在了大家眼前。整个农场分为粮食作物种植区、果树种植区、温室无土栽培区、养殖区、产品处理室等。并且每个区域的情况也分别在不同的屏幕上展示。

小徐不禁感叹："这种可以纵观全局的体验也太棒了吧！"

小杨问道："通过这个可以看看现在的果树长到什么样了吗？"

吉米对着屏幕讲："看一下现在的果园"，只见大屏幕瞬间切换放大到果园区，果树错落有致，杏树上的杏子已经黄澄澄的等待采摘，核桃已经挂满了树。

队长赵星注意到，除了各个区域的影像外，还有几个屏幕显示的是一些图表，吉米解释道："这是对各区域土壤状况的实时监测装置，可以显示土壤的含水量、土壤的肥力状况，如果低于某个阈值，它就会自动地浇水、施肥。这里还有作物生长监控设备，如果发现病虫害，会产生警报，无人机就会去根据状况来喷洒相应的试剂，这种试剂是专门针对作物病情配制的，对人体没什么伤害。好啦，咱们去农场转转吧，如果你们对这些设备感兴趣，可以改天专门来找我们的工作人员给你们详细介绍一下。”

小队一行人跟着吉米走出控制室，走进一个类似小房子的透明传送装置里，大家依次坐下。

这时，我们听到了一个声音：“大家现在所在的区域是作物种植区，大家应该也知道，灵丘土地富锶，现在不光有富锶水稻、富锶小米、富锶荞麦等杂粮也已经走出灵丘，走向全国，走向世界了。”

在这里，小队成员清晰地看到了浇水施肥的喷灌设备，正在进行浇水。传送装置继续往前走，穿过作物种植区，小队成员前往温室，无土栽培蔬菜区。因为便捷的交通、独特的自然环境，灵丘已经成了邻近大城市旅游度假放松的不二去处。很多人也在此认领了一块土地、一行无土栽培板，种植自己的粮食和蔬菜。并且通过手机就可以实时监测到粮食蔬菜的生长情况，能够在最佳食用期来采摘蔬菜。

来到无土栽培区，小队成员走出传送装置，进入大规模温室种植区进行参观。只见高达 10 米的温室，分好多层种植了不同的蔬菜，五颜六色，展现在眼前的最下面一层是西红柿，往上是黄瓜、豆角、生菜……

我们还看到了一排机器人正在采摘西红柿。西红柿采摘后直接放入集装箱中，随即打包好直接用传送带传送到食品处理室。

在温室的二楼，我们也看到，无土栽培板正在传动，旁边的机器人则在检测生菜的长势，接收到指令后，机器人将已经达到最好状态的生菜采摘打包到集装箱。吉米告诉大家，现在很多人跟农场建立了长期的合作，园区的产品会定期送到小区的蔬菜供应区。

参观完温室，传送设置已经在出口处等着大家，并且里面准备好了新鲜的果蔬饮品。小杨仔细端详了一下这一瓶饮品，“低碳低能耗”的标签映入眼帘，看到这个，她会心一笑，喝得无比开心。

大家坐着传送装置，来到了果园区。不大的杏树上，黄澄澄的杏子实在是诱人呐。

吉米告诉大家，30 年前她来这里实践的时候，一位老乡家门口种了一棵杏树，她来的第一天，老乡就告诉她这个杏子非常好吃，她当时爬梯子到了房顶去摘杏子。从那天起，她就对灵丘的杏子念念不忘。

现在好了，她喜欢的杏子，全国人民都可以吃到。中国农业大学还将这几年不断研究出来的新品种在这里推广种植，现在灵丘的果树不仅给全国的人民供应了非常好吃健康的水果，更是装饰了整座山，在不同的区域、不同的时间、坐在直升飞机在山的上方一飞，那五颜六色的景色，别提有多美了。

紧邻着果树种植园的是养殖区。我们通过资

料了解,30 年前的养殖业比较粗放,过度放牧常常导致草地退化、畜禽粪便没有得到很好的处理导致环境污染、疫病防控不到位导致食品安全等问题屡见不鲜。现在养殖的牛羊也有了自己的住所,先进的养殖机器人会根据整座山上作物的生长状况,选择最合适的啃食区,每天牛、羊会被引导到指定的区域进食,并且会根据牛、羊的进食情况放音乐。吃饱喝足以后,牛、羊会进行一个 SPA,洗净全身,然后进入指定的区域睡觉。而牛羊洗澡的水、包括它们的粪污等都会得到循环利用。

参观完养殖区,今天的参观也大致结束。

吉米告诉大家:“我们的园区还在不断地探索改进中,希望能有更多的人才、更新鲜的血液、更好的想法融入进来,希望各位师弟师妹,能在不久的将来为园区的进一步发展献计献策。”

(本节执笔人:崔吉晓初稿、陈源泉修改)

坐上回京的高铁

一周的乡村社会实践结束了，大家坐上了回北京的高铁。

这几天的所见、所听、所想，在队员们的心里留下了深刻的印象，大家都觉得是上了一堂真正的实践课！

虽然都是刚刚入学一年的大一新生，通过这次实践，大家对于自己的专业定位和方向有了清晰直观的认识，纷纷表示一定要在将来的学习过程中，结合自己的兴趣爱好和个人的发展定位，制定未来的人生规划和学习计划。

这个时候，队长赵星提醒大家，“别忘了在每个人的实践课程系统里提交上课记录哦。咱们来的第一天起，每个人都在系统里面打卡了，这几天每个专项活动的调研与座谈，大家要输入上课记录，跟我们座谈的村里的每个人都是我们的实践老师，他们也会在系统里确认大家的课程记录。只有他们确认后，大家才能拿到上课成绩。同时，回去后，大家要在一周内，完成一份个人的实践报告，经过学院的老师和这边实践导师的打分，最终才会给出大家这门课的综合成绩！”

大家刚开始还是有说有笑的，不断地回忆、分享这几天的心得……慢慢地，又开始迷迷糊糊地睡着了……

“醒醒、醒醒，到六里桥啦！”队员们被一阵催促声惊醒了！睁开眼睛一看，外面是炎热、拥挤的北京六里桥长途汽车站，队员们这才反应过来，我们又回到了 2018 年 7 月 29 日！

（本节执笔人：陈源泉）

后　记

乡村振兴战略是新时代做好“三农”工作的总抓手。作为中国农大教师，要紧紧围绕“立德树人”这一根本任务，在“培养什么样的人、如何培养人、为谁培养人”上下足功夫。学校姜沛民书记指出：“教师的工作本质就是春风化雨、以德育德、以爱育爱，是一个示范、教化、引领的过程”。孙其信校长指出：“涉农高校作为中国特色社会主义大学的重要组成部分，服务国家乡村振兴战略，是新时代的第一责任和首要任务，要有为党分忧、为国担当的政治意识，更要有早作为、大作为、实作为的深入行动。”我们在实践过程中编写这本书的初衷是希望能够引起全国广大农科学子的共同思考和努力奋斗，做“懂农业、爱农村、爱农民、有理想、有本领、有担当”的农业农村现代化建设接班人，更希望能够唤起更多人“敬农、重农、爱农”的想法，为促进乡村振兴成为全社会的共同行动贡献一点点力量。

短短的一周实践结束了，在上关村，我与两个男生住在一个房间，女生们住在另外一个房间。我们白天上山入户、走街串巷地调研，晚上加班加点整理调研材料，同时我不断地启发同学们基于现状如何谋划乡村振兴的美好未来！每天晚上都是过了凌晨才睡觉，有些同学还加班写新闻稿，常常凌晨 2:00 还可以看到女生屋的灯光……感谢同学们的积极参与，你们的努力与辛苦让我看到了希望，让我有一种付出的自豪感！

我们还要特别特别感谢上关村两委、驻村第一书记及工作队的大力支持和村民们的热情帮助，也要感谢下关乡党委和政府领导的关怀与支持！2017 年的暑假我们已经建立了深厚的友谊，今年再来，有一种回家的感觉。但是总体来说，我们在内心里总是有种愧对上关村的感觉，因为，我们实在是没有给上关村带来什么，也没有贡献什么，每次来都是匆匆忙忙地在这里又吃又住的！尤其是今年，很多时候，我们是身在上关，心却不只是在上关，更多的时候我们在思考着、讨论着的不是上关的乡村，我们是在思考未来中国乡村振兴的美好愿景。

本书按照中央乡村振兴战略的20字总要求，以产业兴旺、生态宜居、乡风文明、治理有效、生活富裕五大方面进行谋篇，每一方面尽量以我们对于中央文件精神的学习理解，结合我们在村里的实践感悟以及专业知识的积累，描绘我们对于乡村振兴美好愿景的期盼！但是写完，我们自己都感觉还很不满意，还不尽兴，由于专业知识积累的不足和专业水平的不够，写着写着就总有“江郎才尽”的感觉，许多方面的“畅想”不一定就是正确的，但是，我们的初心是起到一种抛砖引玉的效果，我们就很满足了。我们期待更多的人参与进来，一起讨论畅想乡村振兴的美好未来，为中华民族的伟大复兴贡献每个人的智慧和力量！

最后，感谢学校、学院以及灵丘县委县政府的各位领导和老师的支持与帮助，感谢出版社编辑为本书出版的辛苦付出！

陈源泉

2018 年 8 月